돈의 두 얼굴

돈, 제대로 알고 벌어라

돈의 두 얼굴

초판 1쇄 인쇄일 2023년 05월 30일
초판 1쇄 발행일 2023년 06월 09일

지은이 강성현
펴낸이 양옥매
디자인 표지혜
마케팅 송용호
교　정 조준경

펴낸곳 도서출판 책과나무
출판등록 제2012-000376
주소 서울특별시 마포구 방울내로 79 이노빌딩 302호
대표전화 02.372.1537　팩스 02.372.1538
이메일 booknamu2007@naver.com
홈페이지 www.booknamu.com
ISBN 979-11-6752-321-1 (03300)

돈의 두 얼굴

강성현 * 지음

돈, 제대로 알고 벌어라

책나무

이 책은 원고를 완성하고 나서 1년 이상 묵혀 두었다. 아니, 방치했다는 말이 보다 사실에 가까울 것이다. 돈에 관한 글을 써 보았다는 자체로 만족하고 잊고 지냈다. 마음 한구석에 출판으로 인한 기쁨보다는 출판 후에 다가오는 허무함이 치밀어 올랐기 때문이다.

"도도히 흐르는 강물에 물 한 방울 보탠들 무슨 의미가 있을까?" 자문자답하면서 차일피일 출판을 미루다가 아예 출판할 생각을 접었다. 원고 뭉치를 서가 아래 깊숙한 곳에 처박아 두었다. 잔뜩 먼지를 뒤집어쓴 채 나뒹굴던 원고가 마침내 몇 사람의 끈질긴 독려 끝에 빛을 보게 되었다.

이 책이 출간되기까지 도움을 준 고마운 사람들이 새록새록 떠오른다. 특히 세 분께 크나큰 은혜를 입었다. 라이온스 클럽 부총재를 역임했던 1호 독자 유숙자 여사, 하동 악양면에 거주하는 수필가이자 전원시인 조선희 작가, 용인에서 논설학원을 운영하는 올곧은 박수자 원장 등이 그들이다. 세 분 모두가 마치 자신의 원고를 대하듯 밤늦도록 여러 차례 정독하며, 여러모로 부족한 필자에게 따끔한 충고와 질책을 가하였다.

과도하리만치 원고에 관심을 보여 주고 가감 삭제·교정에 이르기까지 함께해 준 세 분의 애정 어린 질타와 관심이 없었다면, 이 책은 아마 영원히 햇빛을 보지 못했을 것이다. 이 기회를 빌려 이분들께 마음 깊은 곳에서 우러나오는 감사의 마음을 전한다.

아울러, 동토와도 같은 출판 시장에서 기꺼이 졸고의 출판을 허락한 책과나무 출판사 양옥매 대표를 비롯하여, 송용호·조준경·표지혜 편집 담당자들께 심심한 감사의 말씀을 드린다.

끝으로, 이 책은 돈에 울고 웃으며 명멸해 갔던 고금의 수많은 사람들에게 큰 빚을 졌다. 특히, 집필하는 과정에서 글의 생동감을 더하려는 욕심이 앞선 나머지 이웃·친인척·동료·친구들에게 본의 아니게 무례를 범했는지도 모른다. 아무쪼록 하해와 같은 마음으로 아량을 베풀어 주길 바라며, 그들 모두에게 이 책을 바친다.

2023년 5월
우조(愚釣) 강성현 드림

나와 돈

내면의 가치보다 돈을 삶의 중심에 두고 살아가는 사람이 날로 늘어나는 것 같다. 자기 자신보다 돈을 더 사랑하는 것 같다. 서글 픈 현실이다. 아무리 돈이 소중해도, 돈이 먼저가 아니고 언제나 사 람이 먼저요, '내가 먼저'라는 생각을 가져야 한다.

우리는 이미 돈이 막강한 권력을 휘두르는 시대에 살고 있다. 돈 의 소용돌이에서 빠져나와 '내'가 중심에 서서 돈을 객관적으로 바라 봐야, 돈에 휘둘리지 않는다. 나는 오랜 세월 동안 아래의 두 문구 에 집착하여 '스스로' 세뇌당하며 살아왔다.

'황금 보기를 돌같이 하라.'
'돈을 사랑함이 일만 악의 뿌리가 되나니….'

돌이켜 보면, 이 같은 격언이나 성경의 구절들은 돈이 목적이 돼 버린 살벌한 세상을 살아가는 데는 아무런 도움이 되지 않는다. 오히려 돈이 지배하는 사회에서 도태되기 쉽다. 뒤늦게 돌이켜 보니 돈에 대한 무관심이 가져다준 불편함이란 이루 다 말로 표현할 수 없다. 돈이 지배하는 사회에서 '청빈한 삶', '안빈낙도'란, 불편함을 미화한 또 다른 표현에 지나지 않는다.

그렇다고 뇌리에 박힌 고루한 생각들이 좀처럼 사라지지 않는다. 거처를 옮길 때마다 주방 입구 눈에 잘 띄는 곳에 굵은 펜으로 이런 문구를 써 놓았다.

> '사람은 재물(돈) 때문에 죽고, 새는 먹이 때문에 죽는다(人爲財死, 鳥爲食亡).'

중국인들의 입에 널리 오르내리는 유명한 속담이다. 이 속담은 돈에 휘둘릴 때마다 날 위로해 주었다. 언제부터인지 모르지만 나는 이 말을 늘 가슴에 품고 산다. 그 덕에 나 자신, 돈으로부터 어느 정도 거리를 두게 되었는지도 모른다. 수십 년 모은 돈을, 돈에 대한 무지함으로 인해 다 날렸을 때도 정신적·물질적 고통을 잘 극복한 것은 이런 연유에서다.

실제로 많은 사람들이 돈 때문에 가뜩이나 짧은 인생을 일찍 마감한다. 가까운 친척 형님 한 분은 친구에게 사기를 당해 큰돈을 날렸다. 그 후로 마포대교를 수없이 배회하였다고 한다. "강물에 몸을 던져 봤자 다시 헤엄쳐 나올 것 같아서 뛰어내리지 못했다."던 그의 애잔한 목소리가 종종 생각난다.

또 가까운 친척 한 분도 여러 차례 사기를 당하고 무일푼이 되자, 슬픔에 겨워 옥상에 올라가 몸을 날리려 하였다. 적어도 새가 아닌 사람이 '돈(먹이)' 때문에 자포자기하고 주저앉아서는 안 된다. 돈 때문에 목숨을 끊어서는 더더욱 말이 안 된다.

그럼에도 수많은 사람들이 돈 때문에 목숨을 잃는다. 어느 해 강서구에서 수천억을 가진 갑부 송 모 씨가 전기 충격기에 맞아 하루 아침에 싸늘한 시신으로 발견되었다. 어느 빌딩 건물주는 의자에 손발이 묶인 채 불에 타 죽었다. 오래전 소양호에서 무거운 돌에 묶여 수장된 사채업자의 시신이 떠올랐다. 돈과 관련된 비극이 하루도 끊일 날이 없다.

반포에 살았던 팔순이 넘은 어느 할아버지는 재산 문제로 다투다 백주 대낮에 마을 주민들이 보는 앞에서 조강지처를 살해하였다. 목동에 사는 젊은 부부는 '내 집' 마련 문제로 다투다, 장모와 어린 딸의 면전에서 남편이 칼로 부인을 죽이고 본인은 아파트 베란다에서 몸을 던졌다.

모두 다 돈에 대한 과도한 집착, 탐욕이 부른 비극이다. 글을 마무리할 무렵, 주식·코인 투자에 실패한 29세의 회사원이 극단적 선택을 하였다는 비보를 접했다. 안타까운 마음 금할 길 없다.

돈 때문에 목숨을 잃은 사람들이 떠오르면서, '돈이란 과연 무엇일까?'라는 의문에 잠기게 되었다. 이 책은 이러한 의문과 안타까움에서 시작되었다. 그리고 경험을 토대로, '돈'에 대해 평소 품었던 생각을 토해 내고 싶었다.

글을 쓰려고 돈과 관련된 서적들을 뒤적거리고, 모으고, 탐독하였다. 이들 가운데는 재테크, 주식·부동산 투자 요령, 투자 원칙·기법, 종잣돈 모으기, 부자 되는 방법 등 한쪽으로 치우친 책들이 적지 않다. 많은 책들이 돈에 대해 수박 겉핥기식으로 기술하여, 궁금증이 해소되지 않았다.

필자 또한 오래도록 돈에 대한 무관심, 무지와 편견에 사로잡혀 올바른 시각을 갖지 못했다. 글을 써 내려가면서 이러한 무지와 편견이 안개 걷히듯 점차 사라졌다. 돈에 대해 균형적인 시각을 조금이나마 갖게 되었다는 점이 소득이라면 소득이다.

이 책엔 모두 34편의 글을 실었다. 살아온 경험을 바탕으로 돈의 밝은 면, 어두운 면을 파헤치려고 노력하였다. 이 책을 통해 돈에 대한 다양한 관점을 제공함으로써 독자 여러분이 돈에 대해 올바로 이해하기를 바랄 뿐이다.

돈 때문에 웃고 우는 많은 주위 사람들을 관찰하고 예의주시한 것은 이 책을 쓰는 데 많은 도움이 되었다. 돈에 관한 글을 쓰기 위해 에밀 졸라의 소설 《돈》을 비롯하여 실패를 딛고 일어선 그룹 회장의 전기 등등, 돈 관련 저작들을 닥치는 대로 읽었다.

평생을 월급만 받고 살아온 사람으로서, 단 한 명이라도 고용하여 월급을 주는 자영업자들이나 수백·수천 명을 먹여 살리는 기업가들에게 저절로 머리가 숙여진다. 이들은 돈을 벌기도, 날리기도 하면서 실패를 딛고 성공한 사람들이다. 이들이야말로 돈에 대해 일가견을 가진 사람들이다. 이들의 일화가 이 글을 쓰는 데 큰 도움이 되었다.

처음에 가벼운 마음으로 '돈에 관한 기록(錢記)'을 가제목으로 정하고, 한 편 한 편 글을 쓰기 시작하였다. 탈고할 무렵, 책의 제목도 《돈, 제대로 알고 미쳐라》또는《돈, 제대로 알고 벌어라》등으로 정했으나, 다소 도발적이라는 생각이 들어《돈의 두 얼굴》이라는 제목으로 바꾸었다.

붓 가는 대로 글을 쓰다 보니, '신변잡기'에 치우친 면이 적지 않다. 독자 여러분이 아무쪼록 돈에 대한 균형 감각을 기르고, 삶의 활기를 되찾기를 고대하며, 아낌없는 질책을 바랄 뿐이다.

목차

I부 돈의 정체

돈의
정체

돈이란 무엇인가?

　돈이 가치 실현을 위해 소중한 수단이라는 사실을, 이마에 주름이 패고, 귓가에 흰머리가 늘고 나서야 깨달았다. 돈을 다루는 고수, '돈의 달인'이 아니고서야 돈에 대해 속속들이 꿰고 있는 사람은 드물 것이다. '돈이란 무엇인가?'를 명확히 하기 위해서는, 돈의 어원과 속성, 돈에 대한 다양한 관점들을 이해해야 할 것이다.

　돈의 어원을 밝히기란 쉽지 않다. 근거나 출처도 불분명하다. '사람과 사람 사이를 돌고 돈다.'고 하여 '돈'이라 명명했다는 이야기가 떠돈다. 또 귀금속이나 한약재 따위의 무게를 재는 단위인 '돈'에서 유래되었다는 설도 있다. 한 돈은 3.75g이다. 춘추 전국 시대 연(燕)나라, 제(齊)나라에서 사용하던 청동 화폐인 명도전(明刀錢)의 '도(刀)'에서 근거하였다는 견해도 있다.

마이크 맬로니(Mike Maloney)의 〈돈의 숨겨진 비밀(Hidden Secrets of Money)〉은 2013년에 제작된 8부작 영상물이다. 제1부에서는 돈에 대해 쉽게 설명하였다. 그는 먼저 화폐(Currency)와 돈(Money)을 구별하고자 하였다. 화폐의 6대 특징으로 교환 수단, 계산 단위, 휴대성, 내구성, 분할성, 대체 가능성을 들었다. 돈이란, 여기에다 '장기간의 가치 저장'이라는 요소를 추가한 것이다. 그의 말에 따르면, 웬만한 금융전문가나 회계사들도 돈과 화폐의 차이를 이해하지 못한다고 하였다.

부언하면, 돈이란 '가치의 저장 수단'이어야 하며, 오랜 기간에 걸쳐 구매력을 유지해야 한다는 것이다. 따라서 5천 년 동안 구매력을 상실하지 않고 가치를 유지한 '금은(金銀)'이야말로 진정한 돈이라고 하였다. 알기 쉽게, 세탁소에 맡긴 옷(진정한 돈·금은)과 보관증(화폐·달러)의 예를 들었다. 즉, 옷이 중요하지 보관증은 중요하지 않다는 논리다.

아울러 맬로니는 섬뜩한 경고를 하였다. 지구상의 모든 법정 화폐들은 수명을 다하였고, 달러도 사망 직전에 이르렀다는 것이다. 그 이유로, 브라질·중국·러시아·인도·남아공·이란 및 기타 일부 국가처럼, 결제통화로서 달러를 기피하는 국가들이 증가하는 현실을 들었다.

'돈이란 무엇인가?'를 놓고 '한마디씩 해 보라.'고 하면 누구나 할

말이 많을 것이다. 항간에 떠도는 '돈의 속성'을 정리하면 다음과
같다.

- 돈은 무소불위의 '권력' 그 자체다.
- 돈은 체면이요, 자존심이요, 인격이다.
- 돈이 불어남에 따라 미추(美醜)의 본성이 드러난다.
- 부자는 돈을 다스리고 지배한다.
- 마음이 가난한 사람은 돈의 노예로 살아간다.
- 돈은 한 가지 일에 푹 빠진 '광인'을 좋아한다.
- 돈은 인간관계를 맺어 주기도, 단절시키기도, 회복시키기도 한다.
- 돈은 쌓아 두면 구린내 나는 배설물에 불과하다. 거름처럼 뿌려야 향
  기를 풍긴다.
- 돈은 행복의 싹이자, 불행의 씨앗이기도 하다.
- 돈 가는 곳에 마음도 간다.
- 돈은 꺼져 가는 생명을 구하기도 하고, 성난 파도처럼 '생사람'을 삼
  키기도 한다.

돈이라고 하는 성난 파도가 또 한 사람의 소중한 목숨을 삼켰다.
2022년 1월 30일, 경북 영주에서 29세의 회사원이 "가족들에게 미
안하다."는 유서를 남긴 채, 공장 안에 비치된 질소가스를 흡입하고
짧은 생을 마감했다. 애석하기 짝이 없다. 경찰에 의하면, 이 청년

은 비트코인과 주식 투자로 많은 손실을 입었다고 한다. 돈 때문에 도대체 얼마나 많은 사람이 죽어 나가야 하는가?

돈 때문에 스스로 목숨을 끊은 자의 우매함을 탓해서 무엇하랴! 돈 때문에 산 사람은 돈이 없어지면 살 의미가 없어진다. 이 젊은이에게 돈은 삶의 의미이자, 자신의 전부였던 것 같다. 돈을 다스리지 못하고 돈의 노예로서 돈에 지배당한 삶은 때로는 이처럼 끔찍한 결과를 불러온다.

이 기사를 보고 같은 처지에 놓인 많은 사람들이 애도의 댓글을 달았다. 어떤 사람은 "뒤따라서 '한강'에 간다."는 비통한 말을 남겼다. 아무리 그래도 "돈 때문에 목숨까지 끊어서야 되겠는가?"라는 댓글이 주류를 이루었다. 도대체 돈이 무엇이기에 목숨까지도 버린단 말인가? 돈 중심으로 흘러가는 사회에서, 이 회사원과 같은 길을 선택할 사람들이 또 생겨날까 심히 우려된다.

한편, 젊어서 고상한 척 돈에 무관심했다가는 늘그막에 고생문이 훤하다. 돈을 보는 안목을 일찍부터 길러야 험난한 인생 여정에서 시행착오를 최대한 줄일 수 있다. 돈에 대한 생각은 각자의 신분·환경·입장에 따라 판이하다.

- 빚에 쫓기는 사람에게 돈은 공포의 대상이다.
- '주식 중독자'에게 돈은 탐욕과 공포의 대상이다.

- 거액 상속자, 복권 당첨자의 돈은 안개와 같아 이내 사라져 버린다.
- 기업가의 돈은 척박한 땅을 옥토로 만드는 거름이다.
- 수전노는 돈을 전능한 신으로 숭배한다. 그저 바라만 보아도 기쁘다.
- 사채업자에게 돈은 피와 살, 목숨이나 다름없다.
- 유태인 거부의 돈은 베풀고 기부하여 다시 풍요를 몰고 온다.

철학자 세네카는 "돈은 선물"이라고 하였다. 그래서 그는 돈이 홀연히 새처럼 날아가 버려도 추호도 개의치 않았다.

서가를 둘러보니, 해묵은 한 권의 책이 눈에 띈다. 제이콥 니들먼(Jacob Needleman)의 《돈과 인생의 의미》다. 니들먼은 종교철학자이자 대학 교수다. 이 책은, 강연 중에 만난 청중들과의 대화 내용이 상당 부분을 차지하고 있다. 이해를 돕기 위해 서두의 일부를 옮겨본다.

> 사랑과 미움, 끼니와 잠자리, 안전과 위험, 일과 휴식, 결혼, 아이, 두려움, 외로움, 우정, 지식과 기술, 건강, 병과 죽음, 이런 허다한 문제들에 대해서 돈은 결정적인 영향력을 행사한다. (위의 책, 13쪽)

돈으로 해결하지 못하는 문제가 '거의' 없을 정도로, 돈은 어마어마한 힘을 가졌다고 강변한다. 그리고 이러한 돈에 매몰된 현대인에 대해 개탄한다.

'사람에게 정말 필요한 돈은 어느 정도이고, 어떤 목적을 이루
기 위해서는 어느 만큼의 돈이 필요한가?'라는, 책임 있는 물
음을 던지는 사람들은 이 세상에서 점점 찾아보기 어렵게 되
었다. 돈을 잘 버는 사람이든 못 버는 사람이든, 오직 더 많은
돈을 벌어야 한다는 맹목적 충동 앞에, 너 나 할 것 없이 와르
르 무너지고 있다. (위의 책, 27쪽)

니들먼은 서두의 말미에서 돈의 한계를 피력한다.

돈을 남 못지않게 벌어 본 사람만이, 돈이 인간의 정신에 제한
된 영향력밖에 행사할 수 없다고 자신 있게 말할 수 있을 것이
다. 이 세상에는 돈만으로는 살 수 없는 가치가 존재한다. (위
의 책, 28쪽)

이근혁이 지은 《돈에 끓리지 않는 당당한 인생 설계》의 일부를 소
개한다. 저자는 삼성생명과 삼성화재에서 22년간 근무하였다. 보
험 · 융자 · 주식 · 부동산 · 경매 등에서 실전 경험을 했다고 자신을
소개한다.

저자는 이 책에서 법정 스님이 설파한 무소유 정신과 부자 마인드

사이에서 중용의 자세를 취할 것을 강조하였다. 아울러 돈의 긍정적인 면과 부정적인 면의 두 측면에 대해 상술하였다. 먼저 돈의 긍정적인 측면이다.

- 돈은 삶의 에너지이다.
- 돈은 신체의 자유와 정신의 자유를 보장한다.
- 돈은 슬픔, 고통, 절망감을 주기도 하고 기쁨, 즐거움, 평온함, 행복을 가져다준다.
- 돈은 인격이고, 관계고, 힘이다. (이근혁, 위의 책, 〈삶과 돈의 역학관계〉, 100~103쪽)

한편, 돈의 부정적 측면에 대해서도 명쾌하게 지적하였다.

돈은 인간을 동물로 격하시킨다. 사기, 강도, 살인, 전쟁을 일으킨다. 돈 때문에 친구를 배신하고 형제간에 칼부림이 일어난다. 패륜아로 만들기도 한다. 마약, 도박, 매춘, 폭력, 촌지, 뇌물, 매관매직, 자살, 이혼 등 가정과 사회를 파괴한다. … 돈은 두 얼굴을 가지고 있다. 악마의 모습과 천사의 모습이 공존한다. 탐욕에 빠져 감옥에 가기도 하고, 자비를 베풀어 존경을 받기도 한다. 돈은 소유욕의 대상이면서 자기 파멸의 길로 유혹하는 악마이기도 하다. (이근혁, 위의 책, 〈돈의 이중성〉, 104~107쪽)

　　　　　　　　　　　　　　　　　　　　돈의 두 얼굴

돈은 어느새 현대인에게 삶의 목적 자체가 돼 버렸다. 돈이 없으면 경조사 모임에 참석할 수도 없다. 돈이 없으면 형제자매도 등을 돌린다. 사람 구실을 할 수 없는 것이다. 칠순을 바라보는 어느 변호사 사무장은 월 평균 적게는 50만 원, 많게는 100만 원이 경조사비로 나간다며 깊은 한숨을 쉰다. 돈이 없으면 사랑도, 건강도, 가정의 행복도, 혈육 간의 정분도, 친구 간의 우정도 깨지기 쉽다. 서글프지만 부인할 수 없는 사실이다.

돈 때문에 '사경'을 헤맨 사람들이 많다. 충격을 받아 입이 돌아가고 안면 마비가 온다. 평생 모은 돈을 사기당했거나 투자해서 날린 사람들이 바로 그들이다. 문득 돈에 대한 그들의 생각이 궁금해졌다. 돈 잃고 빚까지 져 죽다 살아난, 가까운 어느 분에게 단도직입적으로 물어보았다. "돈이란 무엇입니까?" 그러자 곧바로 "돈은 나를 먹여 살리는 생명줄!"이라고 한마디로 잘라 말한다. 그의 말에서 처절함, 비장함이 묻어난다.

어떠한 사람이 지혜로운 사람인가? 돈을 제대로 알고, 돈을 바르게 다룰 줄 아는 자, 돈에 지배당하지 않고, 돈에 휘둘리지도 않는 자가 지혜로운 자가 아닐까? 꼭 철학자, 선각자, 성직자가 아니더라도 돈을 객관적으로 초월적으로 바라볼 수 있어야 돈에 지배당하지 않을 것이다. 최소한 돈 때문에 제 목숨까지 끊는 어리석은 행동은 하지 않을 것이다.

돈의 여러 얼굴

  돈은 생명이다. 돈은 거름이다. 돈은 손톱이다. 돈은 짝사랑
이다. 돈은 똥이다. 돈은 굴렁쇠다. 돈은 목화솜이다.

  박인식의 저작 《돈은 꽃이다》에 나오는 글이다. 이 중 '돈은 손톱'
이라는 표현이 눈길을 끈다. 손톱처럼, 돈이 너무 없으면 아프고,
돈이 너무 많으면 불편하다는 것이다. 돈이 너무 많아서 불편하다는
사람은 도인 아니면 무소유론자, 그것도 아니면 돈에 달관한 사람일
것이다.
  어떤 사람은 돈은 애인과 같다고 하였다. 소홀히 하면 떠나가고
가까이하면 다가온다는 것이다. 그렇다고 해서 너무 차갑게도 대하
지 말고 너무 뜨겁게도 대하지 말라고 한다. 돈은 벌겋게 달궈진 난

로와도 같다. 돈을 너무 멀리하면 심신이 시리고, 돈을 너무 가까이 하면 위험하다.

그러나 인간은 탐욕으로 말미암아 때로는 돈을 제어할 힘을 잃어 버리고 만다. 돈을 어디에서, 어떻게, 얼마를 벌어야 하는가보다는, 닥치는 대로 돈을 무한정 벌고 싶은 것이 인간의 욕망이다. 이처럼 인간이 탐욕의 굴레에서 벗어나기란 쉽지 않다.

50대 후반의 이웃집 뚱보 아주머니 등 몇 사람과 함께 시장에 갔다. 이 여자는 수박을 살까, 생닭을 살까 고민하다가 수박 한 통을 집어 들었다. 생닭은 포기하고 집으로 돌아온 그녀가 힘주어 말한다.

"십 원짜리 한 장이라도, 돈 샐 구멍을 막아야 해요."

논도 있고, 밭도 있고 사는 집 말고도 집이 한 채 더 있다고 자랑한다. 겨울에는 직접 기른 배추로 김장을 해서 팔고, 남의 집 김장을 해 주고 품삯을 받는다. 단 하루도 노는 법이 없다. 일도 잘하니 남보다 몇 푼 더 받는다. 어느 날, 만나자마자 콧노래를 부른다.

"작년에는 김장해 주고 300만 원 벌었는데 올해는 450만 원 벌었어요."

그 대가로 손톱이 흉하게 일그러졌다. 이 아주머니는 돈이 인생 그 자체다. 어느 순간 돈이 삶의 목적이 돼 버렸다. 말 잘 듣는 착한 남편마저도 돈 벌어 갖다 바칠 때만 생닭을 삶아 준다. 돈 못 벌어 주는 남편은 그저 등신일 뿐이다.

돈은 태생적으로 모순적 속성을 지녔다. 누군가는 돈을 지배하고, 누군가는 돈의 노예가 된다. 돈 때문에 울고 웃는다. 외톨이가 되기도 하고, 활기 넘치는 사교계의 주인공이 되기도 한다. 돈은 사람을 죽이기도 하고 살리기도 한다.

1891년, 에밀 졸라(1840~1902)는 장편 소설 《돈》을 발표하였다. 소설에는 증권거래소를 넘나드는 수많은 인물들이 등장한다. 작품 속에 등장하는 인물들은 대부분 돈의 노예로 살아간다. 돈을 많이 벌어 보고 싶은 남작 부인, 푼돈이라도 벌어 보려는 퇴역 군인, 증권사 사장과 직원, 증권 브로커, 학교에서 퇴출당한 빈털터리 교수, 주식 투기꾼들, 가난한 사제들이 증권거래소를 들락거린다. 사제들조차도 주식시장에 발을 들여놓는 것을 보면, 그 시절에도 주식 광풍이 휘몰아쳤던 모양이다.

에밀 졸라는 결코 돈을 비난하지도 찬양하지도 않는다. 단지 돈을 객관적인 입장에서 바라본다. 이 작품의 전편에 걸쳐, 등장인물들의 돈에 대한 생각들이 적나라하게 드러난다. 주요 등장인물 몇 사람을 소개한다.

주인공, 쉰 살의 사카르는 좌절과 실패를 거듭한 끝에 화려하게 재기하였다. 돈을 벌어 원도 없이 쓰고 살았다. 은행장 직위에까지 올랐던 그는, 돈으로 세계를 지배하려는 야망을 가졌다. 주가 조작으로 자신의 은행주가 하늘 높은 줄 모르고 치솟았다. 그는 돈의 축제를 벌였다. 궁전처럼 호화롭게 은행 건물을 지었다. 한도 끝도 없이 향락과 사치를 즐겼다.

나폴레옹 3세의 애인 '드 죄몽' 부인을 탐하여 하룻밤 화대로 20만 프랑을 지불하였다. 서민들이 15프랑, 20프랑이라도 벌기 위해 증권거래소를 드나들었다고 하니, 20만 프랑이면 엄청나게 큰돈임에 틀림없다. 돈으로 황제의 연인을 품에 안았고, 돈으로 '경제 대통령'의 자리에 올랐다. 돈으로 마음껏 권력을 휘둘렀다. 그의 '과시적 낭비'는 곧 권력 그 자체였다.

사카르에게 돈은 '불굴의 힘'이었다. 돈의 힘으로 은광 채굴, 여객선 사업, 동방에 이르는 철도망 건설 등 원대한 꿈을 펼치려 하였다. 주가 조작범이요, 협잡꾼이자 몽상가인 사카르를 에밀 졸라는 '돈의 시인'이라 불렀다. 돈이 꿈을 꾸게 해 주고, 꿈을 실현시켜 준다는 의미로 그렇게 부른 것 같다.

다음은 예순 살의 유태인 황금왕이요, 증권거래소의 지배자인 군데르만이다. 군데르만은 지하 금고에 수십억 프랑을 쌓아 놓았다. 이 돈으로 주가를 마음대로 조작하였다. 올리고 싶으면 올렸고 내리고 싶으면 내렸다. 군데르만에게는 '축재(蓄財)'가 인생의 전부였다.

그는 돈을 쌓아 놓고 도무지 쓸 줄을 몰랐다. 손녀에게 주려고 1 프랑짜리 인형을 사는 것이 고작이다. 사카르는 황제의 애인과 하룻밤을 즐기기 위해 20만 프랑을 썼지만, 군데르만은 예쁜 손녀에게조차도 겨우 1프랑을 썼을 뿐이다. 지하 금고에 '처박아' 둔 그의 돈은 고인 물이나 다름없다.

사람들의 눈에는 군데르만이 쌓아 놓은 재물 그 자체가 무소불위의 권력이요, 전지전능한 신이었다. 검소한 차림의 이 대머리 노인이 레스토랑에 나타나면, 모두가 굽신거리며 그를 에워싼다. 정작 그 자신은 20년 동안을 위장병을 앓아 고기 한 조각도 먹을 수 없었고, 우유 한 잔 마시는 것이 고작이었다.

사회 변혁을 꿈꿨던 시지스몽은 부자가 빈자에게 베푸는 자선을 '동냥'쯤으로 여겼다. 그는 물질적 삶이라든지 돈 버는 데에는 아예 관심이 없었다. '모성애'를 발휘하는 유태인 형에 의지해서 목숨을 부지하고 살았다.

증권 중개인인 마조는 은행 주식이 폭락하자 막대한 빚을 떠안고 파산하였다. 건실한 가장이었던 그는 젊은 아내와 어린 남매를 남겨 둔 채 권총으로 삶을 마감하였다.

36세의 이혼녀이자, 사카르의 정부(情婦)인 카롤린 여사는 돈에 대해 이렇게 말한다.

"인간의 양심보다 더 높이 추앙받는 돈, 피와 눈물보다 더 높
이 군림하는 돈, 돈이라는 제왕, 돈이라는 신! … 아! 돈이
여, 세상을 더럽히고 아귀아귀 삼키는 끔찍한 돈이여!" (308쪽,
310쪽)

카롤린 부인은 어느 순간 돈에 대한 생각이 바뀐다.

"중독과 파괴를 초래하는 돈이야말로 사회적 생장의 효모였
고, 인간들을 서로 가깝게 하고 대지를 평화롭게 할 대역사에
필요한 부엽토(腐葉土)였다. … 오직 돈만이 산을 깎고 바다를
채우며 대지를 인간의 땅으로 만들어 줄 힘을 갖고 있지 않을
까? 일체의 선이 일체의 악을 만드는 돈에서 나왔다." (315쪽)

돈은 누구에게는 권력과 명예를 쟁취하는 수단이다. 팥죽을 팔아
12억을 기부한 어느 할머니의 돈은 싹을 틔우는 비옥한 거름이다.
마약과 향락에 물든 어느 재벌가의 아들이나 손녀에게 돈은 파멸의
씨앗이다. 돈은 이처럼 여러 얼굴로 우리에게 다가온다.
소설의 말미에서, 카롤린 부인은 이렇게 자문(自問)한다.

"도대체 왜 사카르가 불러일으킨 비행과 죄악의 책임을 모두
돈에 전가해야 할까?"(564쪽)

그렇다. 돈은 아무런 죄가 없다. 다만 돈을 다루는 사람이 문제일
뿐이다.

돈과 행복, 돈과 불행

- 돈이 많을수록 행복하다.
- 돈이 많다고 해서 결코 행복한 것은 아니다.
- 돈이 너무 없으면 불행하다.
- 돈이 없다고 해서 결코 불행한 것도 아니다.
- 돈이 없어도 행복하다.

누구나 흔히 하는 말이다. 어느 말이 맞는지는 각자 생각하기에 달렸다.

고대에도 오늘날처럼 돈은 행복에 다가가는 매우 귀중한 수단임에 분명해 보인다. 로마의 철학자 세네카는《행복론》에서 돈, 부(富), 재물에 대한 자신의 관점을 다음과 같이 밝혔다.

- 나는 돈의 많고 적음에 개의치 않을 것이다.
- 나의 재산은 내 소유물이 아니라, 거저 받은 선물이므로 타인에게 베풀 것이다.
- 만약 재산을 잃는다면, 그 자체가 사라지는 것에 불과하다.
- 현인은 돈의 주인이 되지만, 바보는 돈의 노예가 된다.
- 불명예스러운 돈은 한 푼도 탐하지 않는다.
- 재산은 언제든지 훨훨 날아가 버릴 수 있는 덧없는 것으로 여긴다.
- 베풀 때도 낭비하지 말고, 선물 고르듯 신중해야 한다.
- 현인도 부를 빼앗길 수 있지만, 진정한 재산은 그대로다. (루키우스 안나이우스 세네카 지음, 정윤희 옮김, 《행복론》, 121~147쪽)

부부간에 돈이 너무 없어도 자주 다툰다. 인생을 달관한 장자나 디오게네스, 무소유 신봉자, 기부 천사들이 아니고서는 돈에 대한 집착에서 벗어나기란 쉽지 않다. 제아무리 돈에 초월한 척해도, 막상 자신이 돈 한 푼 없는 위기 상황에 내몰리면 태도가 달라진다. 삶과 죽음의 갈림길에서 방황한다. 돈은 사람을 행복하게도 만들고, 불행하게도 만든다.

2022년 벽두에, 서글픈 소식을 접했다. 다름 아닌 모 임플란트 회사 직원의 횡령 소식이다. 이 회사 직원 이모(46세) 씨가, 무려 회사 자금 2,215억 원을 횡령하였다. 경찰은 수사 과정에서, 이 씨의 아버지(71세) 집을 수색하였다. 무려 1kg짜리 금괴 254개를 압수하였다. 이 씨의 아버지는 범죄수익 은닉 혐의를 받는 피의자 신분이었다. 경찰이 압수 수색을 벌이자 자취를 감춘 이 씨의 아버지는 11시간 만에 파주의 한 공터, 자신의 차량 안에서 유서를 남긴 채 숨진 채로 발견됐다. '견물생심(見物生心)'이라고, 아들을 따끔하게 훈계하지 못하고 오히려 아들을 도와 감춰 놓은 금괴가 부른 비극이다.

어떤 회사원은 10년간 모은 결혼 자금 2억 5천만 원을 이 회사의 주식에 투자하였다. 치솟던 주식이 직원의 횡령으로 하루아침에 거래 중지가 됐다. 예비 신랑인 그는 결혼 자금을 날릴 위기에 처했다. 당장 앞길이 막막하여 죽고 싶은 생각밖에 들지 않았다고 한다. 이 회사의 주식 투자자들이 무려 2만 명 가까이 된다고 한다. 대다수가 소액 투자자들일 것이다. 그들의 비명소리가 들리는 듯해 마음이 편치 못하다. 돈은 행복과 불행의 씨앗이기도 하다.

어느 노부부는 투자금 6억을 사기당해 지금 제정신이 아니다. 그런가 하면 어느 할머니는 김밥 팔아 모은 돈 6억을 쾌척하였다. 이렇듯 누구는 더 벌려다 다 털려 정신을 잃고, 누구는 피 땀 흘려 번 돈을 갖다 바치고 행복한 미소를 짓는다.

미국 경제전문지 《포브스(Forbes)》의 발행인 겸 경영인, 말콤 포브스(Malcom Forbes, 1919~1990)가 남긴 말이다.

"아들아! 100가지 문제 중에서 99가지 문제의 해답은 '돈'이
란다."

이 말이 왠지 씁쓸하게 들린다. 말콤 포브스의 견해를 애써 부인
할 생각은 없다. 돈으로 거의 모든 문제들을 해결할 수 있다지만,
돈이 반드시 '행복의 샘'은 아니다. 돈이 적어도 삶에서 만족과 기쁨
을 느낀다면 행복한 것이다. 돈이 많아도 기쁨을 느끼지 못한다면
불행한 것이다.

'소득이 늘어나야 행복하다.' 곧 돈이 많아야 행복하다는 이전
의 통념을, '행복 경제학자'라 일컬어지는 리처드 이스털린(Richard
Easterlin, 1926~)이 뒤집었다.

인간은 의식주가 충족되고, 부가 일정 수준에 이르면, 그 이후
부터는 돈이 행복에 직접적인 영향을 미치지 않는다.

이른바 '이스털린의 역설(Easterlin's Paradox)'이다. 그에 의하면,
방글라데시 같은 가난한 나라들의 행복지수가 미국이나 프랑스보다
높다고 하였다.

돈이 가져다주는 기쁨은 내적인 것이 아니라 외적인 것이다. 돈은
사람을 여유롭고 자유롭게 만든다. 자기가 하고 싶은 일은 무엇이
든 할 수 있다는 오만에 빠지게도 한다. 때로는 도박, 마약, 매춘 등

악의 구렁텅이로 빠지게 만든다. 돈이 지나치게 없어도 삶에 찌들고 지친다. 돈 때문에 이혼하고 가족이 흩어진다.

그러나 행복을 '돈'이라는 물질에서 찾다 보면, 영원히 행복에 다가갈 수 없게 된다. 돈으로 아무리 채워도 내면의 공허함, 고독함, 무상함, 허무함 등은 뿌리칠 수 없다. 돈이 없어도 천성적으로 낙천적인 사람이 있다. 이들은 돈에 구애받지 않고 소소한 일상에서 행복을 누린다. 돈 없이도 행복하게 살 수 있는 비결을 터득한 것이다. 돈이 행·불행을 자초하는 것이 아니라, 돈을 다루는 인간의 마음이 행·불행을 자초한다. 행복은 마음먹기에 달렸다.

〈인간극장〉'우리는 집 대신 캠핑카를 샀다'라는 프로그램을 보았다. 이들은 캠핑카를 한 대 장만하여 남해 어촌 마을에 2년째 머물며, 바쁜 어촌 사람들을 돕고 있다. 차 한 대에 의지하여 유유자적한 생활을 즐기고 있다. 돈이 많아서 캠핑카를 산 것이 아니다. 해마다 치솟는 전세보증금을 마련할 길이 막연해, 전세 생활을 청산하고 짐도 다 버린 채 아예 '인생 여행길'에 나섰다. 이들 부부는 비록 가진 돈이 없지만 무엇이 진정으로 행복한 삶인지를 몸소 보여준다.

돈과 십인십색

어떤 사람이 돈을 비닐에 싸서 몰래 밭에 묻어 두고 돌연사하였다면, 그 돈은 죽은 돈이다. 어느 할아버지가 장롱 깊숙이 숨겨 둔 돈도 죽은 돈이 될 가능성이 높다. 자린고비의 돈은 고인 돈이다. 사기꾼을 비롯한 범죄자들이 갈취한 돈은 검은돈이다. 물 흐르듯 돈도 흘러야 썩지 않고, 제구실을 하는 것이다.

경제신문에 실린 다음의 기사가 주목을 끈다. '1조 원대 비트코인 영원히 못 찾는다 … 익사한 억만장자 비번 안 남겨'라는 뉴스가 그것이다. 기사 내용을 요약하면 대략 이렇다.

최근 해변에서 익사체로 발견된, 억만장자가 보유한 10억 달러

(약 1조1,300억 원) 규모의 비트코인이 영원히 묻히게 됐다. 이

사람은 미르시아 포페스쿠(41)이며, 비트코인 지갑의 비밀번호를 다른 사람과 공유하지 않았다고 한다.

폴란드 출신, 루마니아 국적의 포페스쿠는 지난 2011년부터 비트코인에 투자했고, 암호화폐 거래소를 직접 설립하기도 했다. 그는 지난해 6월, 코스타리카의 한 해변에서 변사체로 발견됐다. 수영 미숙으로 인한 익사로 추정된다. 포페스쿠는 100만 개가 넘는 비트코인을 보유하고 있으며 가치는 약 10억 달러에 달하는 것으로 알려졌다. (서울경제, 2021년 7월 3일)

그 많은 돈을 독차지했던 억만장자는 변사체로 떠올랐고, 천문학적인 돈은 '수장'되고 말았다. 비밀번호를 단 한 사람에게라도 알려 줬더라면 이런 '비극'은 없었을 것이다. 포페스쿠의 돈은 제대로 활짝 꽃피워 보지 못한 채, 주인 잘못 만나 흔적도 없이 사라져 버렸다.

사람마다 돈을 대하는 방식이 각기 다르다. 버는 방법, 모으는 방법, 지키는 방법, 쓰는 방법도 저마다 다르다. 돈은 대하는 사람에 따라 다양한 얼굴을 한다. 돈 가방을 들고 표류하다 무인도에 갇힌 범죄자의 돈은 무용지물이다. 돈이 자신을 살려 주지 못한다. 당장 물에 뛰어들어 물고기라도 잡아야 연명할 수 있다. 이 사람이 무인도를 탈출하지 못하면 이 돈은 곧 죽은 돈이다.

빈털터리가 된 어느 독신녀의 회한에 찬 슬픈 고백이다. 그녀는 홀몸이라서 돈을 물려줄 자식도 없다. 돈이 늘 따라다녀 돈 걱정 없이 지냈다고 한다. 씀씀이도 헤프고, 천성적으로 남의 부탁을 거절하지 못해서 돈을 잘 빌려주었다. 초등학교 동창생이 사흘만 쓰고 준다는 말을 믿고 돈을 선뜻 빌려주었다. 아들 수술비가 없어 눈물을 흘리며 호소하는 봉사 단체 회원에게 돈을 빌려주었다. 수십 건도 넘어 일일이 다 소개할 수 없다. 돈이 궁색해졌을 때도, 어느 의사가 한 달만 쓰고 준다는 말을 믿고 주머니를 털어 돈을 빌려주었다. 돈을 지키지 못해 아까운 재산을 탕진한 뒤 후회의 눈물을 흘린다. 이 여성은 돈을 담을 '그릇'이 작아 다 쏟아 버리고 만 것이다.

잘 알고 지내는 85세의 할머니는 수전노(守錢奴) 그 자체다. 한번 들어온 돈은 절대 나가지 않는다. 함께 식당에 가서 식사하고 나올 때면, 마늘 몇 조각, 이쑤시개까지 냅킨에 싸서 가지고 나온다. 남은 공깃밥은 더 말할 필요가 없다. 늘 내게 말한다.

"삼촌! 천 원짜리 한 장도 아껴 써."

월 임대료로 매달 받는 적지 않은 돈을 언제까지 쌓아 두기만 할 것인가? 이 할머니의 돈에 '구더기'가 슬어 썩어 버릴까 걱정된다.

그런데 요즘엔 천 원짜리를 우습게 아는 꼬마들이 많다. 어쩌다

돈의 두 얼굴

만난 아홉 살짜리 조카에게 명절도 아닌데 억지로 세배를 시켰다. 그리고 조카의 표정을 살피려고 일부러 천 원짜리 지폐를 내밀자, 노려보면서 '확' 집어 던져 버린다. 어린아이의 눈에도 천 원짜리 지폐는 더 이상 돈 구실을 하지 못한다. 이 아이에게 부모는 동전의 소중함부터 가르쳐야 한다.

똑같은 노동자라도 돈을 대하는 태도가 다르다. 어느 노동자는 번 돈을 모아 소형차도 사고 저축을 한다. 소형차에 아침 일찍 동료 노동자들을 태우고 일터로 향한다. 아내도 열심히 내조한다. 돈을 제법 모았는지 어느 정도 여유로움이 느껴진다. 그의 미래는 밝을 것이다.

용인에 사는 어떤 노동자는 모처럼 돈이 생기면 술집을 드나든다. 술이 거나하게 취하면 다방으로 향한다. 다방 아가씨 앉혀 놓고 쌍화차 마시고 시시덕거리며 하루 번 돈을 다 써 버린다. 내일 또 몸으로 때워 벌면 된다고 생각하기 때문이다. 하루살이 인생이 아닐 수 없다. 집에서 남편이 돌아오기만을 학수고대하는 시각 장애인 아내는 거들떠보지도 않는다. 그의 앞날은 보나 마나 뻔하다.

생전의 법정 스님은 무소유를 설파하였다. 귀담아들어야 할 귀한 가르침이다. 그에게는 난초 하나도 걸리적거린다. 돈뿐만 아니라 모든 사물에 대한 집착이 수행에 방해되기 때문이다. 법정에게는

'돈'조차도 그저 미물에 불과한 것 같다.

　같은 스님이라도, 처자식을 먹여 살려야 하는 대처(帶妻) 스님의 경우는 처지가 다르다. 무소유라는 말도 사람과 때와 장소를 가려서 해야 된다. 누구에게는 심오한 진리가, 누구에게는 역겨운 잔소리로 들릴 것이다. 당장 생계에 허덕이는 노동자, 시장상인, 자영업자에게 무소유 정신을 강론했다가는 욕을 한 바가지 얻어먹을 것이 뻔하다. 속인들이 돈을 무심(無心)의 경지에서 바라보기는 무척이나 어렵다.

　　"교수면 뭐 하고 박사면 뭐 해? 생활에 도움이 안 되는데…."

　마누라의 이런 잔소리를 들으면 한숨이 저절로 나온다. 부수입을 생각하지 않을 수 없다. 이러다 보니, 어떤 교수는 주식이 본업이고 가르치는 것이 부업이 되었다. 어느 집 자식들은 부모의 돈을 물 쓰듯 한다. 자식은 고급차를 몰고 다니고 부모는 낡은 오토바이를 고치고 또 고쳐 가며 탄다. 구두쇠 소리 들어 가며 돈 한 푼을 아낀다.

　사채업자, 고리대금업자는 돈을 불리는 것이 인생 최대의 목적이다. 이들에게는 사람은 뒷전이고 돈이 우선이다. 이자를 제때 내지 못하는 사람은 신체 장기를 팔아서라도 돈을 갚아야 한다. 이들은 돈에 대해서는 한없이 너그럽고, 사람에 대해서는 한없이 무자비하다.

견인차 운전기사는 사고가 나야 돈을 만질 수 있다. 이들에게 교통사고는 곧 돈이다. 사고가 나야 만면에 미소를 짓는다. 사고가 나야 가장의 체면이 선다. 생계와 직결되기 때문이다. 어느 견인차 기사들은 종일토록 수원 부근 고속도로 갓길에 떼로 머물며, "제발 사고 좀 나라."고 빌며 하루를 보내는 것 같다.

'검은돈'에 정신이 팔린 전직 경찰 출신 보이스 피싱 범죄자가 체포됐다. 돈에 눈이 멀면 사람이 이렇게도 변할 수 있나 보다. 돈에 미혹된 자, 돈으로 망한다. 유태인은 번 돈을 이웃과 나누려는 넉넉한 마음을 어려서부터 배운다. 돈은 강물처럼 흘러야 비로소 제구실을 한다. 돈은 베풀고 나눌수록 더 큰 돈이 되어 돌아온다. 말은 쉬운데 실천이 어려울 뿐이다.

돈, 체면 그리고 인격

우리 사회에서 체면이란 낯·면목·위신과 같은 뜻으로 쓰인다. 중국의 저명한 인문학자, 이중텐(易中天, 1947~)은 《중국인을 말하다(한화중국인閑話中國人)》에서 무려 60여 쪽에 걸쳐 체면에 대해 상세하게 풀어놓았다.

그는 이 책에서, 체면은 '생명의 끈'이라고까지 강조하였다. 그리고 체면의 밑천으로 작위, 나이, 덕행을 들었다. 아울러 체면이 서려면 돈 쓸 줄도 알아야 한다고 덧붙였다. 퇴직한 뒤에는 작위, 나이, 덕행도 돈이 뒷받침되지 않으면 쓸모없다. 그래서 일부 전직 판검사들이 '전관'이라는 미명하에 악착같이 돈을 긁어모으는지도 모른다.

오래전 얘기다. 여럿이 점심을 먹고 차를 마시는 자리에서 한 사람이 화제를 꺼냈다. 지갑에 돈을 어느 정도 넣고 다녀야 적절한지 주위 사람들에게 물었다. 다들 잠잠하고 말이 없자, 그가 말을 이어 나갔다.

"자기 나이에 맞게 지갑에 현금을 넣고 다녀야 체면이 서!"

그가 그 말을 한 때가 오십 대 중반이었다. 장관까지 지냈고, 지금은 칠십 대 중반쯤 됐다. 그는 지갑에 칠팔십만 원은 넣어 가지고 다닐 것이다. 그가 그 돈을 언제, 누구를 위해 쓰는지 궁금하다. 나도 그 사람 덕분에 지금도 바지 양쪽 주머니에 현금을 넣고 다니는 습관이 몸에 배었다.

어느 퇴역 육군 대장과 하루를 식사도 하고 동행할 일이 생겼다. 현역 시절의 그는 인품과 리더십, 카리스마를 모두 갖추었다. 큰 키에다 얼굴도 잘생겼으며 못하는 운동이 없는 만능 스포츠맨이었다. 이른바 매력적인 보스라고 해도 손색이 없을 것이다. 그가 현직에 있을 때는 지갑을 꺼내 돈을 직접 쓸 일이 드물었다. 판공비도 두둑했다. 수행부관·비서실장·경리참모가 지불하고, 사용 내역을 보고만 받는다.

그러나 은퇴한 뒤의 그의 모습은 다소 초라하다. 얼핏 보면 소박한 시골 노인의 모습과 다를 바 없다. 충성을 맹세하던 부하도 떨어져 나가고, 따르던 후배들도 모두 떠나갔다. 빈 주머니와 늙은 아내만 자신 곁을 지키고 있다. 어느 해 그가 들려준 얘기가 귓가를 맴돈다.

"여보! 묻지도 따지지도 말고 나한테 500만 원만 줘 봐."

측은하게 여겼던 아내가 묻지도 따지지도 않고 그 돈을 선뜻 내주었다고 한다. 그가 부인에게 그토록 애걸하여 구한 이 돈으로 무엇을 하고 싶었던 것일까?

그는 이 돈으로 근사한 곳에서, 그동안 보고 싶었던 부하들·후배들·참모들을 모두 불러서 한턱냈다. 대장의 풍모란 이런 것일까? 아무튼 참으로 오래간만에 체면치레를 한 셈이다. 하늘의 별들만 자신의 위일 뿐 오래도록 내려다보는 위치에 있었으니, 그동안 얼마나 자존심이 상하고 체면이 구겨졌겠는가. "나 안 죽고 아직 살아 있어!"라고 외치는 것 같다.

TV를 켜니, 남진의 신곡을 미모의 가수들이 열심히 불러 댄다. 자주 듣다 보니 중독이 되었다. 70대 중반을 넘어서 팔순을 바라보는 남진도 여성 팬들을 향해 외친다.

"오빠, 아직 안 죽고 아직 살아 있어!"

자신의 신곡 〈오빠 아직 살아 있다〉를 열창한 것이다. 돈은 체면이요, 인기를 오래도록 유지시키는 힘이다.

스타도 인기와 돈이 떨어지면 잊힌다. 돈 없는 스타들의 체면이 말이 아니다. 그들이 대중에게 잊힌다는 것은 곧 죽음과도 같다. 탤런트 변우민은 한때 자신이 은둔형 외톨이 신세가 될 수밖에 없었던 심정을 고백하였다. 돈이 없으니 갈 곳이 없고, 집에 굴러다니는 5백 원짜리 동전 몇 개로 허기를 채웠던 적이 있었다고 회고한다. 특히 스타에게 돈은 곧 체면이고 인격이다.

'고교 얄개' 등으로 일약 스타덤에 올랐던 청춘스타 이승현 씨도 환갑이 지났다. 외동아들인 그가 돈이 떨어지자 노모를 한적한 요양원에 맡겼다. 요양원을 나오면서, 울먹이며 말한다.

"오죽하면 어머니를 이런 곳에 모셨겠어요."

삶에 찌들어 그의 안색이 몹시 어둡다. 얼굴에 그동안 고생한 흔적이 묻어난다.

이렇듯 돈이 없으면 얼굴이 어두워지고, 돈이 있으면 안색이 밝아진다. 돈은 체면이자 얼굴이고 자존심이자 인격이다. 인기 연예인들만 체면을 중시하는 것이 아니다. 모든 인간이 마찬가지다.

현직 높은 자리에 있을 때, 한 주도 거르지 않고 매주 골프를 쳤던 어느 골프광 선배를 만났다. 그에게 물었다.

"요즘도 골프를 자주 치세요?"

그가 대답하였다.

"후배들이 불러 주면 1년에 한두 번 정도 칠 뿐이야. 골프를 칠 돈이 어디 있어야지!"

골프광이 돈이 없어 골프를 못 친다는 말을 들으니 측은지심이 감돈다.

우연히 알게 된 전직 시청 직원이자 현직 경비원의 얘기다. 그는 명문대 농대를 졸업하였다. 경기도의 모 시청에서 수십 년 봉직하였다. 정년이 가까워질 무렵, 다단계에 투자하고 정수기 사업에 뛰어들어 전 재산을 날렸다. 부부는 삶의 터전에서 쫓겨나 하루아침에 갈 곳을 잃었다.

부부 모두 약골에 왜소한 체구다. 부인은 식당에서 일하고, 남편은 경기도 모 대학에서 경비원으로 일한다. 그는 지금도 체면을 목숨처럼 생각한다. 구내식당에서 밥을 먹을 때도 부끄러운 나머지 경비원 모자를 깊숙이 눌러쓰고 혼자 밥을 먹는다. 하루는 경비 일로, 쉬는 날 하루는 술로 고단한 삶을 이어 간다. 그가 주먹을 불끈 쥐고 부르르 떨며 내게 힘주어 말한다.

"돈은 체면이고, 인격이야!"

비분에 찬 그의 절규가 오늘따라 더욱 가슴 시리게 다가온다.

수의(壽衣)에는 주머니가 없다

내 잠옷에는 주머니가 있다. 겨울용 잠옷에도, 여름용 반바지 잠옷에도 역시 주머니가 달렸다. 지금 입고 있는 얇은 잠옷 바지에도 주머니가 양쪽에 달려 있다. 그러나 여태껏 잠옷에 돈을 넣어 본 적이 없다.

할머니의 속옷에는 주머니가 있다. 지폐를 여러 장 잘 숨겨 놓은 할머니의 속옷 주머니에는 커다란 옷핀이 꿰어져 있다. 그러나 수의에는 주머니가 없다. 노인들은 죽기 전에 미리 수의를 맞춰 놓는다고 들었다. 수의를 미리 맞춰 장롱 속에 넣어 두면 오래 산다는 미신 때문일 것이다. 그것이 아니라면, 마음을 비우고 죽을 준비를 한다는 의미도 담겨 있을 것이다.

오래전에 돌아가신 모친도 늘 죽을 준비를 하려고 했는지, 아니면 오래 살고 싶은 마음에서였는지는 모르나, 수의를 한 벌 장만하였다. 모친은 40대 초반에 부친과 사별하고, 졸지에 5남매를 거느린 가장이 되었다. 50대 후반에 이르자 수의 한 벌을 맞춰 장롱 깊숙이 넣어 두었다.

모처럼 휴가차 집에 들른 아들에게도 늘 그래 왔듯 수의를 보여 준다. 휴가를 마치고 부대로 복귀하는 아들의 발걸음이 천근만근 무겁다. 모친은 그로부터 10년을 더 살다 돌아가셨다. 찬밥에 물 말아 먹어 가며 돈을 아끼고 또 아꼈다. 그러나 빈 통장에 빈손으로 갔다. 막내 딸년이 모친을 감언이설로 꾀여 통장의 돈을 몰래 **빼내** 탕진한 것이다.

"수의에 주머니가 있다는 말, 들어 봤어요? 수의에는 주머니가 없어요. 살아 있을 때 아낌없이 팍팍 쓰세요."

이 말에 부인할 사람은 아무도 없다. 천국에 갈 나이가 다 된 노인들도 자식들이 돈을 주면 얼굴에 화색이 돈다. 그러나 막상 돈 쓰기를 주저한다. 수의 주머니에 넣고 갈 것도 아닌데…. 늙고 병들어 병원에 돈 갖다 바치지 말고, 돈을 다 쓰고 죽자고 말한다. 말은 쉬운데 다만 실천이 어려울 뿐이다.

몇 번 만난 적이 있던 성남에 사는 어느 건축업자 얘기다. 이 친구는 돈의 힘을 믿고 오만무례하다. 24시간 돈 벌 궁리에 여념이 없다. 통장에 200억이 들어 있다고 돈 자랑을 늘어놓는다. 재벌 앞에서 돈 자랑하는 격이다. 돈의 힘으로 마음껏 허세를 부린다. 허세만 부릴 뿐 도무지 돈 쓸 줄을 모른다. 돈만 아는 '잔챙이'라고 스스로 떠들고 다니는 것 같다. 그를 볼 때마다 늘 가소(可笑)롭다는 생각이 맴돈다.

해마다 삼성그룹을 창업한 이병철(1910~1987) 회장의 추도식이 열린다. 갑자기 '돈병철'이란 단어가 생각난다. 이병철 회장은 돈이 얼마나 많았던지 돈병철로 불렸다. 돈병철을 능가하는 부호는 찾아보기 힘들다.

세간에 우스운 얘기가 휴대폰을 타고 전국을 떠돈다. 이병철 회장이 천당에서 정주영(1915~2001) 회장을 만났다. 이병철 회장이 천당에서 오랜만에 만난 정주영 회장에게 말하였다.

"여보게, 동생! 오랜만일세! 나 돈 좀 빌려주게."

그러자 정주영 회장이 대답하였다.

"형님! 저 십 원짜리 한 장 못 가져왔어요."

세상은 공평하다. 돈병철 회장이나 '돈주영' 회장도 빈손으로 갔다. 코미디계의 황제로 군림하며 돈을 쓸어 모았던 이주일도 빈손으로 갔다.

"인생은 벌거숭이, 빈손으로 왔다가 빈손으로 가는가." (최희준
의 〈하숙생〉)

100세 시대이니, 100세에 한번 도전해 보자던 사촌 매형은 팔십
도 못 넘기고 폐암으로 죽었다. 그는 매년 건강검진도 거르지 않았
고 아침마다 배드민턴을 쳤다. 늘 활력이 넘쳤고 건강에는 자신이
있었다. 절약이 몸에 배었으니 재산 또한 불어났다. 돈 한 푼 허투
루 쓴 적이 없던 그 또한 빈손으로 갔다.

파킨슨병을 앓던 가까운 또 다른 매형도, 강남에 집과 시골에 큰
농장을 남긴 채 빈손으로 떠났다. 그에게 한번 들어온 돈은 여간해
서 나가지 않는다. 그의 인생을 돌아보면 검소함 그 자체다. 칠십
초반 들어 치매가 심해지자 통장 비밀번호조차 잊어버렸다. 그 좋아
하는 돈도 휴지 조각이나 다름없게 되었다. 매형은 5만 원권을 손에
쥐어 주어도 돈이 무엇인지도 모른 채 주머니 없는 수의를 입고 하
늘나라로 갔다.

그에게는 보이스 피싱 사기범의 교활한 수작도 통하지 않는다. 전
화를 타고 아리따운 아가씨의 고운 목소리가 흘러나온다. 매형은 전
화를 받으면 늘 "예! 예!" 하고 대답만 한다. 보이스 피싱 범죄자가
이 매형에게 걸리면 재수 없다고 생각할 것이다.

잘 아는 어느 사진작가는 입버릇처럼 말한다.

"난 죽을 때 단 한 푼도 남기지 않고 다 쓰고 죽을 거야."

사실 이 사진작가는 그다지 부유한 사람은 아니다. 이 세상을 떠날 때, 돈 많은 사람보다 돈이 적은 사람의 발걸음이 한층 더 가벼울 것 같다.

인맥 사회, '돈맥(錢脈)' 사회

인맥의 범주에는 인맥 쌓기, 인맥 넓히기, 인맥 다지기 등이 포함될 것이다. 사람들은 흔히 '인맥 관리'를 한다며 동호회, 향우회, 동창회, 성가대, 라이온스 클럽, 로터리 클럽, 각종 경조사 모임, 친목 모임에 부지런히 참석한다. 한마디로 말하면, 우리 사회에서 인맥은 곧 '돈'이다. 대통령을 "누나!", "형!"으로 부른다는 사람들은 친화력이 대단한 사람들이다. 이들의 속마음이 어떠하든 간에 이들을 인맥 관리의 '지존'으로 평가하고 싶다.

문득, 폭넓은 인맥을 구축하고 인맥을 잘 관리하는 어느 '마당발' 친구가 떠오른다. 전직 기자였던 이 친구의 '기자수첩'에는 그가 접촉한 사람의 명단이 빼곡히 적혀 있다. 어느 날 궁금해서 그에게 접

돈의 두 얼굴

촉한 인물이 몇 명 정도 되느냐고 물었더니, 천 명가량 된다고 하였다. 입이 다물어지지 않을 만큼 많은 숫자였다. 이 명단이 곧 그의 인맥이요, 재산목록 1호인 셈이다.

그의 인맥의 범위는 언론계, 재계, 정계, 학계, 기독교계, 불교계, 외교계, 국방·안보계 등 실로 넓다. 그는 그야말로 대한민국의 내로라하는 파워 엘리트들과 인맥을 구축하였다. 어느 날은 장관·대사를 만나고, 어느 날은 장관·장군을 만나고, 어느 날은 국회의원을 만나고, 어느 날은 동료 기자를 만나고, 어느 날은 유명 사찰의 주지 스님을 만난다. 유명 영화감독도 만나고 톱스타도 만난다. 차관·국장은 부지기수로 만난다. 어디에서 그런 에너지가 넘쳐나는지, 타고난 부자도 아니면서 어떻게 그 많은 인맥을 관리하는지 그 비법이 마냥 부럽기만 하다.

지금도 그는 귀촌한 내게 해마다 한 번씩 생일 축하 문자를 보낸다. 사람을 잊고 '은둔형 외톨이'처럼 물가에 묻혀 사는 필자에게 그 문자는 반갑고 고맙기만 하다. 무명인으로 살아가는 필자의 생일까지 기억하는 이 친구의 정성스런 마음이 곧 인맥 관리의 핵심이자 비결이 아닐까 싶다.

사람들은 개미처럼 열심히 땀 흘려 번 돈으로 인맥을 관리하기 위해 이런저런 모임에 회비를 지출한다. 강원도 작은 산골 마을에 사는 친구조차도 경조사비로 한 달에 50만 원 정도를 지출한다. 변호사 사무장, 보험설계사 등은 사람을 자주 접촉해야 소득이 발생하는 직업이다. 이들은 50만~100만 원 내외의 경조사비로 허리가 휠 지경이라고 한다.

50여 년을 대형 생명보험사에서 일해 온 칠십 대의 어느 여성 보험설계사는 관리하는 고객이 1,300여 명 정도 된다고 하였다. 이 보험설계사의 월 평균 경조사비는 얼마나 될까 자못 궁금하다. 어느 중소기업 사장은 인맥 관리를 위해 쏟아붓는 경조사비만도 매월 오백만 원 정도 된다고 한다.

이젠 경조사비도 기본 10만 원 시대가 된 것 같다. 혈육 간에도 형편에 따라 다르겠지만, 평균 50만~100만 원의 경조사비가 오간다. 돈 없는 사람은 인맥 관리는커녕 인맥 쌓기가 애초부터 불가능하다. 우리 사회는 이미 돈으로 인맥을 구축하는 '돈맥 사회'로 깊숙이 접어든 것 같다.

수도승이나 산중에 은거하는 '자연인'이 아니고서야 사람끼리 부대끼며 살아야 한다. 새는 물가에서 먹이 활동에 집중하고 사람은 대문을 나서는 순간부터 돈벌이에 몰두한다. 원활하게 사회생활을 유지하기 위해 인맥 쌓기는 필수다.

어떤 부하 직원은 상사가 이사하는 날에 맞춰 자신의 휴가일을 정한다. 그리고 종일토록 이삿짐센터 직원을 도와 구슬땀을 흘려 가며 짐을 나른다. 그리고 이사비로 보태 쓰라고, 상사에게 머리를 조

아리며 넌지시 봉투까지 건넨다. 상사가 보기에 눈에 넣어도 아프지 않을 백 점짜리 부하 직원이다.

어떤 부하 직원은 상사의 부모가 돌아가시면 사흘을 장례식장에 머물며 충성을 다한다. '금맥(金脈)', '돈맥'이 없으므로 이른바 몸으로 때우는 것이다. 그렇다고 해서 이들이 다 출세하는 것은 아니다. 몸으로 때우는 사람은 돈으로 때우는 사람, 즉 '돈맥'에 밀리기 때문이다. 인맥 쌓기의 슬픈 단면이다.

"이 바닥에서 이 교회를 끼지 않고는 장사를 할 수가 없어요."

신자 수가 10만 명이 넘는다는, 강동구의 대형 교회를 다니는 어느 자영업자가 내게 들려준 말이다. 10만 명 중에 단 백 명이라도 돈독한 관계를 유지한다면 튼튼한 인맥을 쌓았다고 할 수 있을 것이다.

귀촌한 지 며칠 되지 않아 동네 '이장님'이 찾아왔다. 커피 한 잔을 대접하자, 갑자기 편한 상대를 만나서 그런지 자기 경력을 늘어놓는다.

"나는 강원도 화천에서 운전병으로 복무한 후 육군 병장으로 만기 제대했습니다. 야간 대학을 졸업하여 학사 학위도 가지고 있습니다. 청년회장, 마을 번영회장, 농민회장, 의용소방대장을 마쳤습니다. 하루가 어떻게 지나가는지 정신없이 바쁩니다. 오라는 데는 없어도 갈 곳은 많습니다."

자신의 인맥을 은근히 과시한다. 그의 말이 계속 이어진다.

"우리 형은 십만 평 농사를 짓고, 방앗간을 운영합니다. 나는 논 5만 평을 가지고 있습니다. 초등학교 앞, 공터도 다 내 땅입니다. 내 땅의 일부도 학교에서 사용하고 있습니다. 큰아들은 농협 직원이고, 작은아들은 독일 유학 다녀와서 수도권 회사에 다니고 있습니다. 교장 선생도 내 후배고, 내가 부탁하면 무엇이든지 다 들어줍니다. 학교 앞 큰 창고도 다 내 농기구 창고입니다."

처음 이사 온 낯선 사람에게 아들 자랑, 땅 자랑, 가문 자랑에 침이 마를 새가 없다. 그에게 진심 어린 눈빛으로 연신 맞장구를 쳐 주었다.

"아, 그래요! 마을 유지 집안이시군요. 앞으로 잘 부탁드립니다."

그제야 그는 흐뭇한 표정을 지으며 발길을 돌린다. 대전 흑석동 외곽, 맑은 강가에서 밤낚시를 즐기다 만난 어느 노인에게서 들은 얘기다.

"거미는 거미줄로 살고, 사람은 인맥으로 산다."

자신의 모습이 초라할수록 자신의 인맥을 과시하기 나름이다. 나를 포함하여 못난이들의 안쓰러운 모습이다. 우리 사회는 거미줄처럼 잘 짜인 인맥사회 같다. 그 인맥의 기반을 이루는 대표적인 단체의 종류를 한번 열거해 보자.

○○면 이장협의회, 운전자 불교 연합회, 경제인 연합회, 중소기업 중앙회, 변호사 협회, 기자협회, 의사협회, 약사협회, ○○학교 동창회, 총동문회, 향우회, 해병전우회, 특전동지회, 각종 동호회, 세무공무원 모임인 세우회, 경찰 모임인 경우회, 장군 모임인 성우회, 재향군인회, 육군사관학교 총동문회, 삼사관학교 총동문회, ROTC중앙회, 각종 조기축구회, 각종 골프 모임, 품바 협회, 주례 협회 등등….

대한민국에 존재하고 있는 모든 모임을 망라하자면 수백만 개도 넘을 것이다. 술자리에 서너 명만 모여 의기투합하면 도원결의하듯 모임을 만들려고 하기 때문이다.

한때 '독사파'란 섬뜩하고도 생소한 용어가 언론을 통해 떠돌았다. 처음 들었을 때 칠성파, 서방파, 양은이파, 익산 배차장파 등과 같이 조폭의 한 파로 생각했다. 알고 보니 독일 육군사관학교 유학 출신 모임을 이렇게 호칭한 것이다.

불교도 여러 종파로 나뉘고, 기독교도 장로교, 감리교, 성결교, 침례교 등으로 나뉜다. 기독교 이단 종파 관련 책자를 보면, 무려 2만 개가 넘는 종파가 난립하고 있다. 우리나라에서 단결력이 가장 공고한 3대 파벌로 흔히 해병대 전우회, 고려대 동문회, 호남 향우회 등을 꼽는다. 이 파벌에 속하면 묻지도 따지지도 않고, 선후배

간에 밀어주고 당겨 준다고 한다.

사람들은 어떤 인맥에라도 속하기 위해 바삐 움직인다. 인맥을 떠나서 홀로 존재하기 어렵기 때문이다. 입학, 취업, 승진 등 한국 사회에서 모든 길은 인맥, '돈맥'으로 통한다. 인맥·돈맥이 없는 사람은 부평초 같아 이 사회에서 발을 붙이기 어렵다.

지방의 명문고에다 서울에서 누구나 알아주는 명문 학교를 졸업한 친구와 은퇴 후 몇 해 만에 만났다. 그 친구는 공직 생활 36년을 성공적으로 마쳤다. 누구나 그렇듯이 그 친구도 더 고위직에 오르지 못한 회환과 울분이 아직도 남아 있다. 둘이서 얘기 끝에 내가 결론을 내렸다.

"우리나라는 인맥 사회야. 모든 것은 인맥 싸움이야."

그러자 그 친구가 이 말을 강하게 부인하며 말했다.

"아니야! 인맥보다 더 센 것이 돈맥이야!"

모든 길은 돈맥으로 통하는 것임을 뼈저리게 느꼈던 모양이다. 그동안 든든한 인맥도 없고, '돈맥'도 없는 무지렁이가 출세하려고 발버둥 쳤으니, 나 자신의 무능함과 어리석음을 탓해야지 누구를 탓한단 말인가?

돈과 '삼식이'

　누가 언제부터 사용했는지 모르겠지만, '삼식이 새끼'라는 용어는
아직도 유행하고 있다. 아마도 남편 월급을 수십 년 동안 꿀꺽한 마
누라들이 퍼뜨렸을 것이다.

　삼식이 새끼라는 말은 이십여 년 전에 처음 들은 것 같다. 집에서
한 끼도 안 먹는 가장은 '영식 님', 한 끼만 먹는 남편은 '일식 씨', 두
끼를 먹는 놈은 '두식이', '세 끼'나 먹는 새끼는 '삼식이 새끼'라는 것
이다. 당시에는 웃어넘겼지만 지금은 그 말이 절절하게 다가온다.

　어느 수다쟁이 여사님이 낮에 놀러 왔다. 이 부인은 남편의 호칭
으로 이름 두 글자를 즐겨 사용한다. 곁에서 들어 보니 주방 식탁에
앉자마자 다짜고짜 하는 말이 가관이다.

　"우리 집 ○○는 삼식이 새끼잖아요."

두 끼만 차려 주고 지겨워서 도망쳐 나온 모양이다.

우리의 아버지들은 새벽부터 출근하여 술 한잔 걸치고 밤늦게 귀가하였다. 스트레스가 극에 달해 일찍 세상을 하직한 가장이 어디 한둘이랴! 때로는 하기 싫은 아부도 해야 한다. 늦잠 자고 싶은데도 상사의 취미를 좇아 억지로 산에 오르고 낚시 가방도 챙겨야 한다.

고스톱 좋아하는 과장 · 국장 모시느라 돈도 잃어 가며 한밤중에 집에 들어온다. 처자식을 위해 청춘을 불사른 것이다. 나의 부친은 삼식이 새끼라는 말도 들어 보지 못한 채, 직장에서 뇌내출혈로 쓰러져 49세로 생을 마감하였다.

그 시절 대부분의 가장들은 집에서 고작 한 끼 정도 먹는 것이 다반사였다. 귀한 아버지요, 귀한 가장으로 '영식 님'의 대우를 받았다. 매달 25일, 누런 월급봉투를 받는 날이면 온 식구들이 영식 님, 일식 씨를 반긴다.

"여보! 어서 오세요."

가장의 품에서 월급봉투를 뺏으려고, 아내가 저녁상을 푸짐하게 차려 놓는다. 아이들도, 아이스크림이며, 바나나랑, 종합 선물세트를 잔뜩 사 들고 들어오는 아버지를 눈 빠지게 기다린다.

"아버지! 잘 다녀오셨어요."

월급봉투 안에서 번쩍번쩍 빛나는 동전 몇 닢씩을 꺼내 아이들에게 나눠 준다. 어린 자식들은 환호작약한다. 나머지 월급봉투는 통째로 마누라에게 맡긴다. 월급봉투가 사라진 지금, 마누라들의 이런 흐뭇한 표정을 언제나 다시 볼 수 있을까?

베이비부머 세대(1955~1963년 출생)가 은퇴하여 집에서 빈둥거린다. 어느덧 백발이 다 되었다. 돈도 떨어지고 체력도 떨어지고 그 많던 술친구도 다 떨어져 나갔다. 이 늙은 삼식이 새끼는 하루 종일 마누라 치마폭을 떠나지 않는다. 냉장고 문을 시도 때도 없이 열어젖히며, 늘 똑같은 잔소리를 늘어놓는다.

"여보! 음식물은 이틀 이상 보관하지 마!"

"여보! 수돗물 세게 틀어 놓지 마!"

"여보! 불 좀 꺼. 방마다 불이 켜져 있어. 좀 아끼고 살아야지."

"여보! 먹던 김치 말고 새것 좀 꺼내 먹어 보자."

"여보! 이게 청국장이냐 된장이냐? 묵은지 넣고 잘 좀 끓여 봐."

"여보! 김치찌개 좀 잘 좀 끓이지. 왜 이리 맛이 없냐?"

"소고기가 왜 이리 질기냐?"

"된장찌개에 돼지고기 좀 넣지 마라."

"제발! 가스 불 좀 잠가라. 불나면 어쩌려고 그래."

이쯤 되면, 삼식이 새끼가 아니라 '간 큰 새끼'가 된다.

그런가 하면, 고 송해 선생의 일화는 인기 강사들의 입에 자주 오르내린다. 방송에 나와 130세까지 살고 싶다며 기염을 토했었다.

삼식이 새끼들이나 간 큰 새끼들의 공적 1호가 송해 선생이다. 송 선생은 90이 넘은 나이에도 전국을 누볐다. 집에서 한 끼도 안 먹으면서, 돈을 벌어다 마누라에게 바친다. 영식 님 대접을 받고 산다. 그러니 전국의 마누라쟁이들이 얼마나 송 선생 같은 분을 사모하고 그리워했겠는가!

친구에게서 오래전에 몇 번 들은 적 있는 유머가 생각난다.

"돈도 잘 벌어 주고 밤일도 잘해 주는 놈은 멋쟁이! 밤일은 잘하면서 돈은 못 벌어 주는 놈은 짐승! 돈도 못 벌어 주면서 밤일도 못하는 놈은 등신!"

이 친구는 술자리에서 같은 유머를 반복해서 늘어놓는다. 되물었다.

"너는 어느 부류에 속하냐?"

그러자 곧바로,

"나야 멋쟁이지!"

이 친구는 늘 왕성한 정력을 자랑하였다. 자신의 정력이 얼마나 센지를 장시간 구체적이고도 생동감 있게 설명하곤 하였다.

이 친구도 어느덧 육십 대 중반을 넘어섰다. 그가 아직도 왕성한 정력을 주체하지 못하는 '변강쇠'로 대접받고 사는지, 밤일만 잘하는 짐승으로 살고 있는지, 아니면 돈도 체력도 고갈된, 등신 삼식이 새끼로 살고 있는지 궁금할 따름이다.

돈 떨어지면 마누라의 바가지가 극에 달한다.
"왕년에 박사면 뭐 해! 생활에 도움이 안 되는데….''
박사도, 부장도, 전무도, 사장도, 시의원도, 교장 선생님도, 돈 떨어지면 무능한 인간 취급을 받는다. 처자식을 위해 앞만 보고 달려왔는데 인생 말년이 너무나 허무하다.

시의원을 두 번이나 지낸 어느 분이 툭하면 '퇴물 타령'을 한다.
"엊그제 '퇴물'하고 술 한잔했어.''
"지난 주말에는 '퇴물'하고 함께 정안천에서 낚시질을 했어. 그 '퇴물'은 말도 못할 낚시광이야.''
'퇴물'은 다름 아닌 전직 교장 선생님을 지칭한다. 시의원 자신도 퇴물이면서 퇴물 타령을 늘어놓는다. 이들이 삼식이 새끼 소리를 듣지 않으려고, 산으로 들로 강으로 돌아다니는 모습이 처량해 보인다.

중국의 모 대학에 있을 때의 기억이다. 정년을 앞둔 학교 버스 운전기사가 한숨을 쉬며 푸념을 늘어놓는다.

"나는 돈 벌어다 주는 기계야. 마누라 년과 딸년은 내게는 관심이 없고 오직 돈에만 관심이 있어. 퇴근 후 집에 가면 반겨 주지도 않아. 영 재미가 없어."

이 사람도 이미 퇴직하여, 보나 마나 찬밥·퇴물 취급을 받을 것이다. 가장들이 삼식이 새끼에서 다시 영식 님, 일식 씨로 돌아가기란 쉽지 않다. 남은 인생, 퇴물 취급받지 않고 살아가려면 어떻게 해야 할 것인가? 친구도 만나고, 등산도 하고, 독서도 하고, 운동도 하고, 눈높이를 낮추어 재취업도 하라고 권한다. 마음만 갈급할 뿐 이마저도 쉽지 않다. 돈 없이 삼식이 새끼를 면할 묘책을 찾기가 쉽지 않다.

결국 해답은 '돈'이다. 은퇴를 앞둔 가장들에게 권고한다. 집에서 구박받지 않고 편안한 노후를 보내려면 반드시 어느 정도의 노후 자금을 확보하기 바란다. 그것도 쉽지 않다면, 104세의 영원한 현역 김형석 교수나 고 송해 선생처럼 건강을 유지하며 왕성하게 경제활동을 하는 수밖에 없다.

부자 스님의 무소유, 가난한 스님의 무소유

완전한 무소유를 실천한 사람이 과연 존재할까? 에밀 졸라의 소설 《돈》에 나오는 도르비에도 대공 부인이 여기에 해당된다. 대공 부인은 어머니의 강압에 의해 스무 살에 결혼하였다. 대공은 증권 거래소를 들락거리며, '강도질'로 번 돈 3억 프랑을 남기고 뇌출혈로 죽었다. 가난뱅이들의 파산과 죽음이 그에게는 부를 쌓는 기회가 되었다. 남편 도르비에도는 시체 위에서 살을 뜯어 먹는 까마귀에 불과하였다.

막대한 유산을 물려받은 이 돈 많은 젊은 과부는 '과시적' 자선사업에 미친 듯이 돈을 쏟아부었다. 남편이 가난한 자를 착취해서 번 돈을, 그들을 위해서 다 쓰고 죽을 작정이었다. 마침내 대공부인은 '자선의 여왕'으로 등극하였다.

유아원, 고아원, 양로원, 병원, 갱생 학교, 도서관, 아동요양원, 빈민보호소, 시범농장 등의 시설 건립, 거액 기부, 기타 여러 자선 사업 등으로 3억 프랑을 모두 날렸다. 각종 시설 건립 과정에서 건축업자들은 원가를 부풀려 돈을 빼돌렸다. 도르비에도 대공 부인의 돈은 눈먼 돈이요, 먼저 보는 사람이 임자였다.

이 돈을 다 날리기까지 10년이면 충분했다. 저당 잡힌 집도 넘어갔다. 빚은 없었지만 동전 한 푼 없는 알거지가 되었다. 우유와 빵 살 돈마저 없게 되자 카르멜 수녀원으로 들어갔다. 그야말로 완벽하게 무소유를 실천한 것이다.

무소유를 실천한 사람들의 미담이 종종 언론을 통해 소개된다. '무소유!', 말은 쉽지만 실천하는 사람이 과연 얼마나 될까? '김밥 할머니'들의 선행, 기부 얘기는 심심찮게 들린다.

지난해 12월, 박춘자 할머니(93세)는 김밥 팔아 평생 모은 돈 6억 5천만 원을 초록우산어린이재단에 기부하였다. 열 살 때부터 경성역(현 서울역)에서 김밥을 팔기 시작했다고 한다. 이후 평생을 남한산성 앞에서 김밥을 팔았다. 돈만 생기면 어려운 사람들에게 나눠주었고 지적 장애자들을 몸소 돌봤다. 최근에는 마지막 남은 월세 보증금 2천만 원까지 기부하였다.

지금은 자신의 기부금으로 세워진 복지시설에서 기거하고 있다고 한다. 박춘자 할머니는 무소유를 실천한 산 중인이다. 먹고살기 급급한 서민들이 무소유를 실천한다는 것은 상상하기 힘들다. 문자 그대로 완전한 무소유를 실천한 이 할머니에게게서 범접하기 힘든 경외심마저 든다.

　마을 끝자락에 자리 잡은 60대 '생계형' 승려가, 염불 소리가 시끄럽다고 항의하는 같은 마을의 50대 주민을 둔기로 때려죽였다. 수행자가 아니라 살인마로 돌변한 것이다. 두 사람은 평소에도 이 문제로 자주 다퉜다고 한다. 어느 종단에도 속하지 않는 무소속 스님인 것 같다고 전해진다. 중생 구제를 위해 출가한 스님이 차마 못 할 짓을 한 것이다. 그 이유를 깊이 파고들면 두 사람 다 먹고사는 문제로 다툰 것 같다.

　한편, 일부 스님들은 아늑하고 한적한 곳에서, 고급 양주에 담배를 입에 물고 도박판을 벌였다. 이웃 주민을 둔기로 때려죽인 생계형 스님에 비해, 이들의 행태는 너무나 여유작작한 모습이다. 스님 간에도 빈부 격차가 심한 것 같다.

　오래전, 절에서 하루 저녁 먹고 잠자던 기억이 난다. 지인과 함께 아는 스님을 찾아가서 그런지 물론 돈 한 푼 낸 기억이 없다. 인맥이 곧 돈이라고 하였는데, 절에서도 인맥이 통하는 세상인가 보다. 무소유 정신을 받드는 절에서도 가진 것이 있어야 먹고 잘 수 있다. 절간에서 며칠 묵으려 해도 돈 없는 빈털터리는 재워 주지 않는다. 사찰에서도 '템플 스테이'라는 고상한 이름을 내세워 적지 않은 돈을 받는다.

고인이 된 법정 스님은, 소유욕에 불타는 현대인들을 향해 '무소유'라는 화두를 던졌다. 순천 송광사에 가면, 스님이 소요하며 명상했던 무소유 산책로가 있다. 무소유 세 글자를 깊이 새기며, 그 길을 묵묵히 걸어가 보았다. 무소유는 참으로 많은 깨달음을 준다.

10여 년 전, 중국 남경대학 그 넓은 운동장을 걸을 때도, "무소유! 무소유! 무소유!"를 되뇌며, 걷고 또 걸었던 기억이 새롭다. 가진 것이 별로 없기에 무소유라는 단어를 대하면 왠지 마음이 푸근하고 여유롭다. 정신이 자유로운 사람만이 무소유를 생각할 여유나마 갖는다. 하루하루 생계를 위해 허덕이는 사람들은 무소유를 생각할 여유조차 가질 시간이 없다.

조계종 총무원장을 지냈던 송월주(1935~2021) 스님이 87세를 일기로 입적하였다. 같은 무렵 아침 일찍, 유명하다는 금산사 둘레길도 볼 겸 호기심에서 금산사로 향했다. 11시경 하산하는 길에 영결식장과 마주쳤다. 대형 검은색 차량의 행렬이 끊임없이 이어진다.

얼굴에 기름기가 좌르르 흐르고, 잘생기고 건장한 스님들이 속속 차에서 내린다. 전직 장관을 비롯한 대권주자들도 눈에 띄었다. 해수욕장도 아니고 절간에서 삼복더위에 그렇게 많은 인파를 본 적이 없다. 입구에서부터 끊임없이 사람들이 밀려들어 오고 있었다.

돈의 두 얼굴

그야말로 인산인해다. 그 넓은 주차장마다 차 한 대 들어설 틈이 없다. 전국 사찰의 스님들이 모두 다 조문하러 온 것 같다.

흰 고무신을 신고 멀리서부터 걸어 들어오는 초라한 행색의 '무소유' 스님들과, 고급 세단에서 내리는 휘황찬란한 '귀족 스님'들의 모습이 묘한 대조를 이룬다. 빈도소승(貧道小僧)들은 어디로 사라졌는가?

은퇴한 스님들의 행적은 매우 초라하다. 어느 은퇴한 칠십 중반의 스님은, 외모만 스님이지 평범한 동네 아저씨 같다. 이 스님하고 몇 차례 막국수며, 보쌈이며, 감자전을 먹은 적이 있다. 소탈한 성품, 호감이 가는 인상이다.

이 스님은 강원도 산골에 사는 친구, 이장, 심마니 등 댓 명과 모여서 고스톱을 즐긴다. 일단 고스톱 전선에 뛰어들면 스님의 자비는 온데간데없다. 스님은 지금은 무소속이요, 무소유의 처지라서, 혼자서 숙식을 해결하려면 돈이 필요하다. 고스톱 판에서 한 푼이라도 열심히 벌어야 한다.

이 스님도 은퇴하기 전에는 돈이 넘쳐나서 주체를 못할 지경이라고 하였다. 눈에 띄는 어려운 사람들에게 닥치는 대로 퍼 줬다고 한다. 이 스님이 무소유를 실천한 대가는 혹독하다. 거처할 집도 없고 돈도 없고 차도 없다. 이곳저곳을 떠돈다. 가장 돈이 필요한 시기에 남에게 손을 벌려야 하는 신세가 되었다.

시골집 한 달 살기에 관심이 있어서, 가끔 그런 곳이 어디에 있는지 찾아보았다. 우연히 어느 스님이, 조용한 곳에 보증금 없이 15만 원짜리 월세방을 구한다는 소식을 접했다. 가난한 수행자임에 틀림없다. 이 스님은 '무소유'를 어떻게 생각할까?

생계에 찌든 스님과 돈이 남아돌아 도박판을 벌인 부자 스님들에게 무소유란 어떤 의미로 다가올까? 한 푼이라도 벌려고 고스톱 판에서 애쓰는 노(老)스님을 만나면 무소유를 어떻게 생각하는지 꼭 묻고 싶다.

무소유에 대해 다시금 많은 생각이 떠오른다. 난초 하나를 소유함에도 번민했던 법정 스님이 체감하는 무소유와, 목탁 소리에 항의하는 주민을 때려죽인 '생계형' 스님, 보증금 없이 15만 원짜리 월세방을 구하려는 스님, 은퇴 후 돈이 궁해 '유랑 걸식'하는 노스님이 바라보는 무소유가 어찌 같을 수 있으랴!

돈, 제대로
알고 벌어라

왜 돈이 붙지 않는가?

돈은 소중하고 귀하게 생각할 때 달라붙는다. 오래도록, '황금 보기를 돌같이 하라'는 말을 가슴판에 새기고 산 덕에 돈은 아예 붙지 않았다. 명언도 가끔은 궤도 수정할 필요가 있다는 사실을 다 늦게 깨우쳤으니 애석하기 짝이 없다.

'황금 보기를 황금같이 하라.'

돈은 난초 기르듯 정성껏 다뤄야 한다. 돈을 애인처럼 뜨겁게 사랑해야 돈도 뜨겁게 다가온다. 돈을 한번 모으려고 맘먹었으면, 지남철에 쇳조각 달라붙듯 절대로 동전 한 닢이라도 놓지 말아야 한다. 다음 부류의 사람에게는 돈이 붙지 않을 것이다.

- 돈을 악의 뿌리라고 생각하는 사람

- 돈을 더럽고 천한 것으로 여기는 사람

- 돈을 잘 빌려주는 사람, 노래방·룸살롱에서 친구 팁까지 대신 내주는 사람

- '자연인'을 부러워하는 사람

- 로또 복권을 한 주도 거르지 않고 사는 사람

- 술자리를 박차고 나가 먼저 계산하는 사람

- 동전을 집 안 여기저기 늘어놓는 사람

- 할부로 외제차를 뽑는 사람

- 300만 원 벌어 400만 원 쓰는 사람

- 마이너스 통장을 우습게 아는 사람

- 술친구를 몰고 다니는 사람

- 돈을 마구 빌리는 사람

- 남의 돈을 귀하게 여길 줄 모르는 사람

- 가난을 팔자로 생각하는 사람

'돈 냄새'를 잘 맡는 어느 지방은행 지점장이 내게 한 얘기다. 이 지점장은 술이 들어가면, 안쓰러운 듯 반복해서 말한다.

"형님은 다 붙었는데 '돈'만 안 붙었어요!"

뒤집어 보면, "당신은 돈도 못 버는 무능한 인간이야!"라는 조소가 아닐 수 없다. 이 사람은 돈에 울고 웃는 얼마나 많은 인간들을

상대했겠는가? 돈이 많은 고객에게는 '맨발'로 뛰어나가 비굴하리만치 고개를 숙였을 것이다. 돈이 없어 돈을 빌리러 은행 문을 두드리는 '박사 건달'은 내심 천덕꾸러기 취급했을 것이다.

'황금 보기를 돌같이 한' 청렴 강직한 최영 장군 스타일은 당연히 돈이 붙지 않을 것이다. 붙지 않는 것이 아니라 그들 스스로가 멀리한 탓일 것이다. 유교 문화의 영향 탓도 크다. 《논어》도 돈 없는 '백수 선비' 찬양에 한몫을 단단히 하였다.

> 선비가 도에 뜻을 두고서 거친 옷과 거친 음식을 부끄러워하면, 더불어 도를 말할 수 없다(士志於道而恥惡衣惡食者, 未足與議也). (성백효 역주, 《논어 집주》, 75쪽)

그러나 시대가 많이 변했다. 청빈한 선비는 제구실을 다할 수 없다. 오늘날의 '선비'는 부자가 되어야 수천 명의 제자를 거느리고, 화려한 호텔 조명 아래서 성공학도 가르칠 수 있다. 갑자기 우스운 일화가 떠오른다.

산골 어느 늙은 선비가 학생들을 가르치고 싶은데 학생이 단 한 명도 없다. 무료 학당이라도 세울 돈이 없으니 학생이 있을 턱이 없다. 심술궂은 마누라라도 가르치고 싶은데 도무지 말을 안 듣는다. 할 수 없이 다 큰 강아지를 앞에다 놓고, "논어 왈", "맹자 왈" 하며 열심히 가르친다.

말 잘 듣는 충직한 강아지는, 지겨워도 엎드린 채 고개를 쳐들고 열심히 듣는다. 갓을 쓴 노 선비가 "수업 끝!" 하자 강아지가 "와! 신난다!" 하고 뛰쳐나간다. 강아지가 그 재미없는 강의를 듣느라 얼마나 지겨웠을까? 돈 없이 초야에 묻혀 사는 '무능한' 선비에게는, 동네 강아지도 그의 가르침을 외면할 것이다.

오늘날 황희 정승, 청백리들을 예찬하고 본받았다가는, 깡통 차고 처자식 굶겨 죽이기 딱 알맞다. 돈 없는 사람은 쓰러진 사람을 치료하고 돌보는 '선한 사마리아 사람'도 될 수 없다. 사랑하는 가족이 응급실에 실려 가도 수술비가 없어 발만 동동 구를 뿐이다. 공부 잘하는 딸아이도 유학을 보내지 못하고, 아르바이트 전선에 뛰어들게 해야 한다.

평생 돈만 만져 온 은행 지점장의 눈에, 돈이 안 붙는 인간은 초라한 인간, 등신 머저리 같은 인간으로 보이는 것은 너무나 당연하다. 누군가 말했다.

"반복되는 성공은 운이 아니라 실력이다."

실패도 마찬가지다. 반복되는 실패는 불운이 아니라 잘못된 습관에서 비롯된 것이다. 돈이 그동안 왜 안 붙었는지를 반성하고, 돈

붙는 방법을 간구한다면 돈은 머지않아 저절로 '찰싹' 달라붙을 것이다. 이런 사람에게 돈이 붙는다.

- 부자 되기를 갈망하는 사람
- 부자의 사고방식을 본받는 사람
- 돈을 애인처럼 소중하게 여기는 사람
- 돈을 인격체요 에너지요 파워라고 생각하는 사람
- 돈을 자아실현의 도구로 여기는 사람
- 돈을 관계망이라 생각하는 사람
- 돈은 날개요 아름다운 꽃이라고 예찬하는 사람
- 돈은 축복이요 행복이라 여기는 사람
- 가난은 저주요 잔인하다고 생각하는 사람
- 지갑 안에 5만 원권 지폐를 '본드'로 붙여 넣고 다니는 사람

선풍기 하나로 쪽방촌에서 여름을 보내는, 어느 병들고 늙은 기초수급자의 울부짖는 소리가 아직도 귓가에 쟁쟁하다.

"내가 이래 봬도 옛날에는 지갑 안에 수표를 몇천만 원씩 가득 넣고 다녔던 사람이에요!"

이 노인은 왕년에 한가락 했던 모양이다. 어떤 사람은 황금 보기를 돌같이 하여서 돈이 붙지 않았지만, 그는 왜 돈이 붙지 않았을까?

돈, 어떻게 벌어야 하는가?

"어디, 돈 벌기가 쉬운 줄 알아?"

흔히 듣는 말이다. 돈 벌기가 어렵다 보니 누구나 쉽게 돈 버는 일에 마음이 쏠린다. 순진한 스무 살 처녀가 쉽게 돈을 벌 수 있다는 말에 속아, 강남 유흥업소에 몸을 던졌다. 그리고 한밤중 귀갓길에 괴한에게 둔기로 맞아 죽었다. 쉽게 돈을 벌어 보려다 '돈의 덫'에 걸린 것이다. 〈그것이 알고 싶다〉에 나오는 미스터리 사망 사건의 한 토막이다.

중국에서 마약 관련 사범은 중국법에 의거, 내외국인을 막론하고 사형에 처한다. 10여 년 전, 영국 국적의 파키스탄인이 중국에서 마약을 운반하다 걸려서 구속됐다. 영국 총리까지 구명운동에 나섰으나 사형을 피할 수는 없었다.

어느 한국인 청년도 몰래 마약을 들여오다 중국 철창에 갇혔다. 몇 푼의 수고비를 받고 단순히 마약 운반을 도왔다고 한다. 끝까지 추적하지 못해서 그의 최후는 잘 모르겠다. 아마도 이미 형장의 이슬로 사라졌을 것이다. 극단적인 사례일지 모르나, 쉽게 돈을 벌려다 때로는 목숨을 잃기도 한다.

주먹을 자랑하는 중고생은 선량한 친구의 돈을 강탈하고, 조폭들은 자릿세를 뜯고, 저질 상사는 부하에게 승진을 미끼로 돈을 요구한다. 돈을 밝히는 어느 사립대 이사장은, 교수 취업을 미끼로 거액의 '학교 발전기금'을 받아 자신의 사적 욕망을 채운다. 일부 악덕 '법률 상인(변호사)'들은 '성공 보수'라는 미명 아래 서민들을 착취하여 알거지로 만든다. 저질 사장은 '열정 페이'란 단어를 내세워 가뜩이나 아픈 청춘들의 임금을 갈취한다. 홍보관 사기꾼들은 외로운 노인들의 주머니를 노린다.

영화 〈약장수〉에는 할머니들을 표적 삼아 건강보조식품을 강매하는, 일명 '홍보관 사기꾼'들이 등장한다. 이 영화는 검사 아들을 둔 어느 할머니에게 화제의 초점을 맞춘다. 사기꾼들은 열흘이고 보름이고, 온종일 할머니들을 회관에 모아 놓고는 춤추고 노래하고 만담을 지껄인다. 이들의 몸동작, 표정, 익살과 개그는 일류 개그맨 뺨칠 정도다.

돈의 두 얼굴

서너 명이 한 무더기로 앉아서 오리춤을 추는가 하면, 넥타이를 풀어 머리에 감고 갖은 재롱을 다 떤다. 할머니를 껴안고 뺨을 부비기도 한다. 고독한 할머니들을 어르고 달랜다. 매일같이 홍보관에 모여 흥겨운 쇼와 잔치판이 벌어진다. 할머니들은 흥에 겨워 배꼽을 잡고 자지러진다. 빵, 컵라면, 과자, 사탕도 나눠 준다. 할머니들은 매일 아침 앞다투어 홍보관으로 향한다. 할머니들에게 그곳은 아마도 지상낙원인 것 같다.

전화 한 통 없는 검사 아들보다 재롱을 떠는 사기꾼에게 마음이 더 쏠린다. 집에 돌아갈 때는 '공짜로' 두루마리 화장지, 쌀과자, 세제 등을 한 보따리씩 손에 쥐어 준다. 호사도 이런 호사가 없다. 모처럼 주름진 얼굴에 화색이 감돈다. 홍보관 사기꾼들이 마침내 본색을 드러낸다. 이들은 읍소로 말문을 연다.

> "엄마! 공짜로 노래 듣고, 춤 구경하고 빵 먹고, 라면 먹고 과자 먹고, 공짜 선물까지 받아 가니 미안하지? 안 미안해? 나도 먹고살아야 하잖아? 나도 처자식 굶길 수 없잖아? 엄마도 나 같은 자식이 있잖아? 안 그래? 제발 하나만 사 주라."

읍소해서도 안 먹히면 노골적으로 으름장을 놓는다. 영화 대사를 그대로 옮겨 본다.

"놀아 줄 때는 웃고 떠들다가 막상 갈 때 되면 배 째라 하는 양
반들! 나이만 먹었지 강도나 다름없어!"

누가 누구더러 강도라고 하는지 도무지 알 수가 없다. 강도 소리
를 듣자 차마 거절하지 못하고, 수십만 원에서 수백만 원에 이르는
홍삼액 같은 건강보조식품, 안마기 등을 사 가지고 돌아온다. 할머
니들이 갖다 바친 돈다발을 바라보는 사기꾼 우두머리의 만면에 미
소가 가득하다.

집 안 구석구석마다 홍보관에서 사 온 물건들이 가득하다. 모처럼
집에 들른 딸이 물건들을 보고 당장 반납하라고 소리 지른다. 할머
니는 분한 마음에 약을 먹고 그만 죽어 버렸다.

할머니가 며칠째 보이지 않자, 아들 노릇 하며 환심을 산 사기꾼
이 미수금을 받으러 집으로 찾아온다. 죽은 할머니를 발견하고 망
연자실하다가, 손가락에 낀 금반지를 발견하고 빼려고 안간힘을 쓴
다. 금반지가 잘 안 빠지자, 손가락을 자르려고 부엌칼을 꺼내 든
후반부의 장면이 생생하다.

"개처럼 벌어서 정승같이 쓴다."는 말이 있다. 이 속담은 잘못돼
도 한참 잘못됐다. 아무리 돈이 좋아도 개처럼 벌어서야 되겠는가?
수단 방법을 가리지 않고 '개처럼' 버는 돈이 귀하게 쓰이기란 쉽지
않다. 개미처럼 땀 흘려 번 돈이라야 모이고 귀하게 쓰이는 법이다.

돈의 두 얼굴

피땀 흘려 번 돈이라야, 돈 세는 재미도 있을 것이다.

어느 시골 장터에서 음담패설을 늘어놓는 품바는 힘들게 번 돈을 술집 작부에게 다 털려 버렸다고 하소연한다. 누군가는 로또 복권을 품에 간직하고 인생 한 방을 노린다. 언제부터 듣기에도 거북한 '대박'이라는 단어가 국민 유행어가 되었다. 모두가 "대박! 대박! 대박!"을 외친다.

어느 현직 경찰관은 밤에는 유흥업소 사장이고 낮에는 경찰이다. 결국 하루아침에 콩밥 먹는 신세가 됐다. 어떤 군인은 주말마다 땅을 보러 다닌다. 본업이 땅 투기이고, 부업이 군인이다. 이 사람은 한직을 떠돌다 옷을 벗었다. 어느 호텔 사장은 호텔을 종업원에 맡겨 놓고 하루 종일 주식 선물에 매달린다. 이 사장은 본업이 '도박(주식 선물)'이고, 호텔 경영이 부업이다. 이 호텔은 얼마 전 폐업 신고를 마쳤다.

어느 홍안백발의 교수는 이 방송국 저 방송국을 들락거리며, 정치 평론이랍시고 시도 때도 없이 지껄인다. 이 사람은 본업이 '정치꾼'이고 부업이 교수인 셈이다. 봉급이 아깝고 학생들만 불쌍하다. 어느 국제 봉사단체의 상근 여직원은, 본업이 '다단계 사기'이고, 부업이 봉사 업무이다. 많은 회원들에게 사기를 친 이 여성은 뇌졸중으로 입이 돌아가고 얼굴이 형편없이 망가졌다. 검은 돈, 추한 돈, 눈먼 돈에 '환장'한 사람들은 안색이 어둡고 얼굴이 일그러지기 마련이다.

이슬람권에서는 이자놀이를 엄격하게 금한다. 성경에도, 형제자매에게 돈을 빌려주고 이자를 받아서는 안 된다고 하였다. 신체 포기각서를 받고 고리로 돈을 빌려주는 고리대금업자는, 상대방은 물론 결국 자신의 영혼까지도 갉아먹는다.

사이비 심마니, 사이비 농부, 사이비 어부는 땀 흘려 돈 벌 생각은 안 하고, 영농자금 3억을 빌리려고 눈에 핏발이 선다. 사이비 상사는 부하를 교묘하게 부추기며 괴롭힌다.

"자네는 인품도 훌륭하고, 경력도 다 쌓았고, 능력도 다 갖추었는데 언제까지 이러고 있을 거야? 이번에 꼭 승진해야 하지 않겠어? 내 돈 써 가면서까지 자네를 도와줄 수는 없잖아?"

이쯤 되면 상사가 아니라 인간 거머리, '돈 흡충(錢 吸虫)'이다. 검은돈 보기를 돌같이 해야 한다. 피땀 흘려 번 돈이라야 진정한 내 돈이다. 쉽게 돈 벌려는 자들은 〈창세기〉의 아래 구절을 가슴에 새기길 바란다.

네가 얼굴에 땀이 흘러야 식물을 먹고, 필경은 흙으로 돌아가리니 그 속에서 네가 취함을 입었음이라. 너는 흙이니 흙으로 돌아갈 것이니라. (창세기 3장 19절)

돈, 얼마를 벌어야 만족하는가?

    돈은 얼마를 벌어야 '포만감'을 느끼는가? 정답을 찾기란 쉽지 않다. 건륭제(1711~1799)와 사돈을 맺으며 막대한 부를 축적했던 간신 화신(和珅, 1750~1799)의 최후에서 답을 찾아보자.

    저명한 사상가이자 돤치루이(段祺瑞) 정권하에서 재정총장을 역임했던 량치차오(梁啓超, 1873~1929)가 화신의 재산을 헤아려 보았다. 량치차오의 계산에 따르면, 화신의 전 재산은 대략 8억 2백 냥에 달했다고 한다. 건륭제의 비호 아래, 20년 동안 축적한 화신의 가산은 청나라 조정이 10년 동안 거둔 수입의 총액보다도 많았다고 한다.[1]

---

1   찌아원홍(賈文紅) 저, 성연진 역, 《중국인물열전》, 231쪽, 강성현 저, 《중국인, 천의 얼굴》, 114쪽 재인용.

빌 게이츠나 워런 버핏의 재산은 화신의 그것에 비하면 초라할 것이라는 생각마저 든다. 화신은 건륭제가 죽자, 그 돈을 다 써 보지도, 지키지도 못한 채 옥중에서 가경제가 내린 흰 천에 목을 감고 자결했다. 그는 세기를 초월한 거부로, 탐욕의 화신(化身)으로, 오늘날에도 뭇사람의 입에 널리 오르내린다. 우리는 과연 돈을 얼마나 벌어야 만족하겠는가?

살아서는 '활재신(活財神)', 죽어서는 '상인의 전설' 등으로 불렸던 거부 호설암(胡雪岩, 1823~1885)도 말년에 모함·부도·빚 등으로 시달리다 '알거지'로 죽었다. 백여 채의 주택을 소유한 전관 출신 변호사도 뇌물죄로 구속됐다. 죄 중에 가장 큰 죄가 '탐욕죄'가 아닐까 싶다. 탐욕이 정신을 지배하면 아무리 소유하고 채워도 만족할 줄 모르는가 보다.

돈을 더 벌려다 나락으로 떨어져 울분의 나날을 보내는 몇 사람의 얘기를 소개한다.

먼저 세탁소 아주머니 얘기다. 가깝게 지내던 젊은 여자의 꼬임에 넘어가, 자신 명의로 통장과 도장을 빌려주고 매달 30만 원씩 받는 재미에 푹 빠졌다. 여기에 만족하지 못하고 아들, 손자, 며느리, 형제, 자매, 사돈의 팔촌까지를 포함하여 모두 스무 사람 이상의 통장과 도장을 빌려주고 매달 600만 원 이상의 '꿀 같은 돈'을 챙겼다.

그로부터 6개월 후, 여자 사기꾼은 명의를 빌린 통장으로 6억 원

가량을 대출받아 잠적했다. 푼돈에 눈이 멀어 거금 6억 원을 날린 것이다. 세탁소 아주머니는 이렇게 말한다.

"하루라도 막걸리를 마시지 않으면 잠을 잘 수가 없어요."

이번에는 통닭집 청년의 스토리다. 그는 닭도 튀기고 배달도 하면서 소박하게 그럭저럭 만족하며 살았다. 어느 날, '돈'이라는 악마가 그를 유혹하였다. 사기꾼은 먼 데 있지 않다. 잘 아는 사기꾼이 그에게 접근하였다.

고급 외제차로 외국 귀빈들을 모시는 렌트카 사업을 하고 있는데, 이름만 빌려주면 차 구입 할부금도 대신 갚아 주고 월 300만 원씩 준다는 말에 솔깃하였다. 아는 사람인지라 의심 없이 이름을 빌려주었다.

이 사기꾼은 서너 달 동안 꼬박꼬박 300만 원을 주더니 갑자기 사라졌다. 자동차 할부금 250만 원을 고스란히 떠안았다. 여기저기 긁힌 자국이 있는, 자신 명의의 외제차만이 통닭집 앞을 지키고 있다. 그의 목소리가 슬프다.

"살고 싶은 생각이 없어요. 하루하루가 지옥이에요."

다음은 어떤 다세대주택 소유자의 넋두리다. 그는 강남에서 도장을 새기는 일을 천직으로 삼아 돈을 모았다. 대출받아 군산항 공업 단지 부근에 다세대주택을 샀다.

그런데 호사다마라고 했던가. 이 지역에 불황이 겹쳤다. 조선소, 자동차 생산 회사가 철수한 것이다. 갑자기 20여 개의 방이 텅텅 비었다. 전기세 고지서만 주인을 기다리고 있다. 주인의 한숨 소리가 애처롭다.

"큰 욕심 없이 월세만 받아서 먹고살려고 했는데…."

세 사람 모두 평생을 소박하게 살아왔지만, 돈을 조금만 더 벌어 보려는 '소박한' 욕심이 앞서 제 발등을 찍은 꼴이 되었다. 누가 이 같은 유혹을 뿌리칠 수 있다고 자신하겠는가?

친구에게서 들은 얘기다. 강원도 산골에 터를 잡은 어느 예비역 원사의 얘기다. 이 부사관은 스무 살에 군대에 뛰어들어 36년 군 생활을 하였다. 군인 연금도 제법 많이 받을 것이다.

이 사람은 송이버섯을 캐러 마을 인근 야산에 올랐다. 송이버섯은 현금과도 같아 몸값이 귀하다. 밤이 되도록 내려오지 않자 아내가 실종 신고를 하였다. 이 원사는 지게 안에 송이버섯이 가득 담긴 채 변사체로 발견됐다. 종신 연금을 채 1년도 못 써 보고 영원히 저 세상으로 떠나 버린 것이다.

돈의 두 얼굴

로렌스 피터 교수가 1969년에 발표한 '피터의 법칙'이라는 말이 새삼 떠오른다. 즉, 조직 내의 모든 구성원은 자신의 무능이 드러날 때까지 승진하려는 경향이 있으므로, 상위 직급은 무능한 인물로 채워질 수밖에 없다는 내용이다. 이처럼 출세하려는 자들은 도무지 만족을 모른다. 어디에서 멈춰야 할지 그칠 줄을 모른다.

돈을 벌려고 하는 자들도 이와 마찬가지가 아닐까? 아마도 자본주의라는 부의 위계질서 아래 살아가야 하는 모든 인간들은, 자신의 욕망이 채워질 때까지 무한정 돈을 벌어들이려 할 것이다. 이것이 바로 '머니(money)의 법칙'이다. 결국 지구상에는 만족을 모르는 탐욕스런 인간들로 가득 채워질 수밖에 없을 것이다.

99억 가진 사람이 100억을 채우려고 1억 가진 사람의 돈을 빼앗으려 한다는 우스갯소리도 있다. 하동에서 1박을 같이한, 70대 중반의 어느 사업가가 새벽 산책길에 대봉감을 주우며 이렇게 말한다.

"100억 가진 사람이 왜 돈을 못 쓰는지 아세요? 200억을 채우려 하기 때문이에요."

빈한하게 살면서도 추호도 기개를 잃지 않았던 장자(莊子)의 일화다. 송나라 유세객 조상(曹商)이 출세하여, 수레 백 대에 금은보화를 가득 싣고 금의환향하던 중, 장자의 오두막을 지나며 빈정거린다.

"이보게. 이런 누추한 뒷골목에서 살며, 거지꼴을 하고 짚신이나 삼고 있는 자네 꼴 참 보기 딱하이. 나 같으면 그렇게 못 사네."

이를 듣고 장자가 독설을 퍼부었다.

> "진왕은 종기를 터뜨려 고름을 빼내 준 자에게 수레 한 대를 주
> 고, 치질을 입으로 빨아서 고쳐 준 자에겐 수레 다섯 대를 준
> 다더군. … 자네는 진왕의 치질이라도 실컷 빨아 준 모양이군.
> 수레가 저렇게 많은 걸 보니…. 에이, 더러우이. 어서 썩 내 앞
> 에서 꺼지게." (안동림 역주, 《장자》, 4쪽, 〈순수성의 한계〉)

현대 사회에서 장자의 기개, 호탕함을 본받기란 쉽지 않다. 장자의 생활 방식을 흉내 내다가는 빌어먹기 십상이다. 어느 정도 출세해야 만족하겠는가? 돈을 어느 정도 벌어야 만족하겠는가? 어느 정도 벌어야 즐겁고 행복하겠는가?

누군가 말한다. 남에게 손 벌리지 않고 술 한 잔 대접할 정도면 된다고. 누군가는 또 말한다. 등 따시고 배부르면 된다고. 분수에 지나친 과도한 욕심은 화를 부른다. 돈에 한이 맺혀 너무 많이 벌려고 하지 말자. 돈을 탐욕스럽게 벌고 더 늘리려다, 비명에 간 사람들이 너무도 많기 때문이다.

돈을 부르는 백만장자 마인드

한때 "여러분! 부자 되세요!"라는 축복의 말이 유행하였다. 어느 집 거실에 보면 액자에 "네 시작은 미약하였으나 네 나중은 심히 창대하리라(욥기, 8장 7절)."라는 축복의 문구가 적혀 있다. 베스트셀러 작가이자 목사인 캐서린 폰더(Catherine Ponder)는 《성서 속의 백만장자》에서 의미심장한 말을 남겼다.

막대한 부는 등이 휘어지는 고된 노력으로 얻어지는 예가 거의 없다는 사실이다. 부는 부유한 사고의 결과이다. 신성한 물질에 대한 생각을 바꾸는 것, 즉 백만장자의 마인드를 갖는 것이야말로 증가된 부를 경험할 수 있는 확실한 사고방식이다. (위의 책, 36쪽)

불황기에 과부가 되어 어린 아들과 단둘이 단칸방에서 어렵게 생활하던 그녀도, 끈질기게 인내하며 백만장자의 마인드를 가짐으로써 저택에서 평안하게 집필할 수 있게 됐다고 확신에 차서 말한다. 혹자는 뜬구름 잡는 소리를 지껄이고 있다고 비웃을지 모르겠다. 거부들은 한결같이 말한다.

"부자가 되고 싶으면, 먼저 부자가 되겠다는 생각을 품어야 합니다. 부자가 되고 싶다는 생각조차 갖지 않으면 영원히 부자가 될 수 없어요."

백만장자가 되기 위해서는 정신적인 준비, 즉 마음가짐이 중요하다는 의미이다. 폰더 여사는 백만장자 마인드를 연상시키는 단어로 축복, 사랑, 평화, 열망, 용서, 화해, 인내, 건강, 재산, 풍요, 행복 등을 꼽았다. 백만장자란 건강, 재산, 풍요, 행복을 누리는 사람이라고 정의하였다. 따라서 백만장자가 되기 위해서는 긍정적인 생각을 늘 가슴에 품어야 한다고 하였다.

폰더 여사는 백만장자 마인드를 사용했지만, 필자는 이와 반대되는 용어로 '혹사 마인드'란 용어를 떠올려 봤다. 혹사 마인드를 연상시키는 단어로는 증오, 울분, 분노, 적개심, 불평, 불만, 부정적인 생각, 비관, 시기, 질투, 한탄, 한계, 결핍, 자포자기, 절망, 저주 등을 꼽을 수 있다. 상식적으로도 이처럼 부정적인 생각에 젖어 있는 사람에게 풍요와 부가 찾아올 리 없다. 정신 자세부터 글러 먹은 것이다. 혹사 마인드란 바꿔 말하면 '가난뱅이 마인드'라 할 수 있을 것이다.

폰더 여사는 '돈이란 녹색 옷을 입은 신성한 물질'이라 하였다. 그녀는 다음과 같은 '백만장자 선언문'을 작성하여, 최소 하루 5분 정도 매일 소리 내어 선포함으로써, 백만장자 마인드를 마음속 깊이 새길 수 있다고 하였다.

> "나는 부자이며 우주의 찬란한 물질이다. 나는 물질의 주인이며 생각과 말, 행동을 통해서 물질을 지배한다. … 지금까지보다 훨씬 더 많은 소득이 들어오는 것을 내 눈으로 보게 될 것이다. 나는 강력한 우주의 물질을 내 삶으로 초청해 나에게 무한한 부를 쏟아붓도록 만든다. 나는 건강과 부 그리고 행복이라는 백만장자의 유산을 가질 권리가 있다." (위의 책, 41~42쪽)

실제로도 많은 성공학 강사들이 소망을 적은 선언문을 붙여 놓고 매일 큰 소리로 낭독하도록 권한다. 또는 책상에 붙여 놓고 매일 들여다보며 가슴에 새기도록 당부한다. 청소년 시절부터 김영삼은 대통령이 되겠다는 야심찬 포부를 가졌다. 그리고 '대통령 김영삼'이라고 벽에 써 붙여 놓고, 대통령이 되기로 늘 다짐했다. 이처럼 풍요로운 감정을 품을 때, 풍요로운 결과가 뒤따른다는 것이다.

《성서 속의 백만장자》에서 들려주는 메시지는, 실패에는 거대한 성공이 숨어 있으므로 실패를 두려워하지 말라는 것이다.

앞서 언급한 《돈에 끓리지 않는 당당한 인생 설계》의 저자 이근혁도 부자 마인드에 대해 줄곧 연구해 왔다. 그는 부자마인드 연구소를 운영하고 있다. 그가 간추린 부자 마인드를 인용해 본다.

- 부자는 내 삶은 내가 통제한다는 정신을 가지고 살아간다.
- 부자는 변화를 긍정적으로 생각하고 즐긴다.
- 부자는 기회에 집중하고 적극적으로 행동한다.
- 부자는 일한 결과에 따라 보상 받는 것을 좋아한다.
- 부자는 성공의 순간 반드시 가족과 함께한다.
- 부자는 부자가 되기 위해 헌신하며 흔들림이 없다.
- 부자는 이기려고 머니 게임(money game)을 한다.
- 부자는 순자산을 늘리려고 노력한다.
- 부자는 돈이 나를 위해 일하도록 한다.
- 부자는 이웃과 부를 나눈다. (이근혁, 위의 책, 30~31쪽)

어떤 사람이 부자인가? 《돈의 속성》의 저자이며 스노우폭스 그룹 회장인 김승호(62)는 더 이상 돈 벌 필요가 없는 사람을 부자라 하였다. 그의 말에 따르면, 100억 원을 가졌어도 1,000억 원을 가진 사람 앞에서는 가난뱅이다. 반면에 시골의 작은 집에 살아도 내 집이 있고, 비근로소득이 동네 평균보다 높고, 그 수입에 만족하면 이미 부자라고 하였다.

어느 사립대 이사장은 수천억 원을 소유한 자산가이면서도, 자신을 늘 "거지! 빈껍데기!"라며 한탄한다. 한때 대기업 총수로서 자가용 비행기를 타고 세계를 누비며 화려한 백만장자 시절을 누렸던 이 사람의 사고는, 백만장자 마인드에서 거지 마인드로 변한 것 같다. 선친이 물려준 전 재산을 유흥과 환락으로 탕진하고, 산 밑에 작은 대학 하나 달랑 남아서 그러는지 모르겠다.

돈의 마에스트로(Maestro), 유태인

　셰익스피어의 작품 《베니스의 상인》에는 유태인 고리대금업자 샤일록이 등장한다. 그는 현금이 막힌 무역업자 안토니오에게 돈을 빌려주었다. 안토니오는 만약 빌린 돈을 갚지 못하면 '금 1파운드 무게의 살점을 베어 내겠다.'는 차용증서에 기꺼이 서명하였다. 결국 돈을 갚지 못하게 되자, 계약대로 안토니오의 살점을 도려내겠다고 협박한다.

　비록 문학작품상의 인물이지만, 피도 눈물도 없는 냉혹한 사채업자 샤일록으로 인해, 유태인에게는 저주받을 인간의 이미지가 오늘날까지 짙게 남아 있다. 이런 면에서 셰익스피어는 유태인의 부정적 이미지를 증폭시키는 데 적지 않은 기여를 하였다. 불멸의 작가가 유태인에게 오래도록 '민폐'를 끼친 것이다.

유태인(猶太人)·유대인 모두 통용되나, 영어권 발음에 근거해 유대인으로 호칭하기도 한다. 앞서 살펴본 바와 같이, '유태인' 하면 구두쇠, 수전노, 냉혈한, 돈만 밝히는 야비한 인간, 돈만 벌어들이는 무자비한 인간 등 안 좋은 이미지가 먼저 떠오른다. 셰익스피어의 '공로'도 있지만, 상인을 천시했던 과거의 그릇된 교육 탓이 더 크다.

그러나 돈이 지배하는 세상에서 유태인에 대한 편견을 떨쳐 버리지 못한다면 위선적이요, 이중적인 태도가 아닐 수 없다. 한번 잘못된 생각을 바꾸기란 무척이나 어렵다. 이제 생각을 바꿔야 할 때도 한참 지났다.

유태인은 돈 냄새 맡는 데는 귀신이다. 돈을 벌고, 또 투자해서 더욱더 많은 부를 쌓는다. 돈을 지킬 줄도 알고 쓸 줄도 안다. 구두쇠 소리 들어 가면서 모은 돈을, 자선단체, 공익단체에 아낌없이 기부한다. 많은 사람들은 돈을 벌 줄만 알지 쓸 줄 모른다. 유태인은 돈을 버는 것은 물론, 축구 스타가 축구공 다루듯 돈을 능수능란하게 다룬다.

이런 면에서 유태인 부호들을 '돈의 마에스트로'라 부르고 싶다. 당대의 거부들인 빌 게이츠, 고인이 된 스티브 잡스, 마크 저커버그 등도 다 유태인의 피를 물려받았다.

빈 주머니로는 어딜 간들 환영받지 못한다. 주머니가 두둑해야 친구를 만나는 발걸음도 가볍다. 갑자기 불청객이 찾아와도 마음이 여유롭다. 유대인의 격언 한마디를 소개한다.

> 사람의 마음에 상처를 입히는 세 가지는 번민, 불화, 빈 지갑
> 이다. (정성호, 《유대인》, 60쪽, 재인용)

빌 게이츠 또한 유명한 말을 남겼다.

> "가난하게 태어나는 것은 죄가 아니나, 가난하게 죽는 것은
> 죄다."

'좀 더 일찍 유태인의 돈 버는 지혜에 관심을 기울였더라면, 지금
쯤 부자가 됐을 텐데….' 하는 탄식과 함께 진한 아쉬움이 남는다.
　시장지상주의 시대에 유태인의 상술을 연구하는 것은 백번 강조
해도 지나치다고 할 수 없다. 단순히 연구하고 이해하는 것만으로
부족하다. 끌로 파듯이, 유태인을 '파야' 돈이 보인다. 부자의 길로
성큼 다가갈 수 있다.

　유태인의 돈 버는 방법 등을 언급한 저자와 책은 부지기수다. 《유
태인 부자들의 돈 버는 지혜》, 《유대인의 돈 공부》, 《유대인 엄마의
부자수업》, 《유태인의 상술》, 《유태인들만 아는 부의 법칙》, 《유대
인의 돈, 유대인의 경쟁력》, 《유태인식 경제교육》, 《돈을 끌어당기

는 유태인의 돈 공부》 등등이 그것이다.

거듭 말하지만 유태인은 벌고, 모으고, 늘리고, 바르게 쓸 줄 아는 '돈의 달인'이다. 시멍(西蒙)이 지은《유태인 부자들의 돈 버는 지혜》를 참고하여, 유태인 부호들의 돈 버는 비결을 간추려 본다.

- 확고부동한 목표를 세워야 한다. 데이비드 브라운은 '경주용 자동차' 생산이라는 뚜렷한 목표를 세워 거부가 되었다.
- 동업하지 말고, 협력자를 구하라. 이길 수 없다면 손잡아라.
- 서로 사는 길을 택하라. 상대를 죽이고 내가 사는 길은 최악의 선택이다.
- 아무도 믿지 말고 자신만 믿어라.
- 우군에 기반한 두툼한 인맥을 다져라.
- 깨끗한 돈만 벌고 탈세하지 말아라.
- 사람과 돈이 모이는 곳에서 판을 벌려라.
- 자신이 좋아하는 상품을 팔지 말고, 싫어하는 상품을 팔아라.
- 단골이 최고의 고객이요, 고객의 이득이 곧 나의 이득이다.
- 가난뱅이 고객도 얕보지 마라.
- 실패에 연연하지 말고 웃어라. 승리는 낙천주의자의 편이다. 실패 없이 부자 된 사람은 단 한 명도 없다.
- 인색하다는 소리를 들을 정도로 절약하라.
- 협상에서 승리하기 위해 상대방에게도 떡 하나 던져 주어라.

- 시간은 돈이 아니라 목숨이다. 시간은 유한하나, 돈은 무한하다. 시간을 낭비하지 마라.
- 소득의 10%를 기부하라. 주는 것이 곧 받는 것이다. 돈의 노예가 아니라, 돈의 주인으로 살게 될 것이다.

미래에셋 그룹 회장 박현주는 《돈은 아름다운 꽃이다》를 펴냈다. 이 책에서 강조한 몇 가지를 소개해 본다.

- 돈을 좇지 말고 일을 좇아라. 돈을 좇으면 불행해진다.
- 바르게 벌고 바르게 써라.
- 좋은 파트너를 고르는 것이 성공의 열쇠다.
- 모르는 분야에 투자하지 마라.
- 최고 부자가 되기보다 최고 기부자가 되라.
- 돈이 아닌 사람에 투자하라.
- 좋은 회사란, 직원들 고객들이 부자가 되는 회사이다.
- 정직으로 무장하라.
- 나를 키운 것의 8할은 독서이다.
- 기본에 충실하라. 펀드 매니저는 주중에 술을 마시지 마라.
- 정치적 중립을 지켜라. 사업가는 사업가의 길을 가라.

유태인 부자와 성공한 기업가 박현주 · 김승호는 별반 다를 것이

돈의 두 얼굴

없다. 부자 되는 비결이 따로 있을 리 없다. 기본에 충실해야 돈도 벌고 지키고 누리고 베풀게 되는 것이다. 미래에셋 사옥에 적혀 있는 글의 일부다.

바르게 벌어서 바르게 쓸 때 돈은 꽃처럼 아름답습니다. (박현주, 《돈은 아름다운 꽃이다》, 62쪽)

화교는 어떻게 돈을 버는가?

"비단이 장수 왕서방 명월이한테 반해서, 비단이 팔아 모은
돈, 퉁퉁 털어서 다 줬소. 띵호와, 띵호와!"

고인이 된 원로가수 김정구가 1938년 무렵 유행시킨 〈왕서방 연
서〉의 첫 부분이다. 화교 포목상 왕서방이 기생 명월이를 끔찍이도
사랑했던 것 같다.

화교 1세대인 진유광(秦裕光, 1916~1999)의 《중국인 디아스포라,
한국 화교 이야기》에 의하면, 왕서방의 실제 인물은 왕지우(王芝友)
선생이라고 하였다. 진유광은 농담조로 왕지우에게 이런 질문을 던
졌다.

"왕 선생! 정말 명월이에게 비단 팔아 모은 돈을 통통 털어서 다 줬소?"

그러자 왕지우가 대답하였다.

"술자리에서 기녀 명월이와 함께 한바탕 흥겹게 놀았던 적은 있지만, 그녀에게 푹 빠져 모든 돈을 다 탕진한 일은 결코 없었소."(위의 책, 115~118쪽)

어릴 적 몇 해를 살았던 고향 마을에도 중국인 포목상 왕 씨가 있었다. 예쁜 외동딸을 둔 이웃집 왕 씨 집과 왕래한 기억이 새롭다. 어머니가 '상것들, 천한 것들'하고 어울린다고 질색을 하였다. '못난' 여동생이 감시하고 고자질하는 바람에 더 이상 왕래할 수 없었다. 반세기가 지난 지금, '가슴 시리도록' 왕 씨 딸과 그의 가족들이 보고 싶다. 평생 '중국' 두 글자에 천착하며 살아왔기에, 더욱 왕씨네가 그리운지도 모르겠다.

그 시절, '왕서방'은 곧 화교의 대명사였다. '청나라 오랑캐', '중공 오랑캐!', '뙤놈!', '때국놈!', '짱깨!' 어릴 적부터 이런 말을 듣고 자랐다. 화교들을 비하하고 조롱한 말이다. 짱깨[2]란 단어는 '장꾸이(掌櫃)'에서 유래하였다. '장'은 관장한다는 뜻이고, '꾸이'는 재물을 보

---

2 진유광(秦裕光)저, 이용재 역, 한국학술정보(주),《중국인 디아스포라, 한국 화교 이야기》, 57~58 쪽.

관해 두는 상자를 의미한다. 따라서 장꾸이란 재물이나 돈을 관리하는 사람, 곧 경영인·지배인을 말한다.

외국에 거주하는 중국 사람 또는 중국계 혈통이 섞인 사람을 넓은 의미에서 '화교(華僑)'라 부른다. 진유광의 《중국인 디아스포라, 한국 화교 이야기》 외에 화교를 이해하는 데 도움이 되는 책자로는 스털링 시그레이브(Sterling Seagrave)의 《중국인 이야기》와 《중국 그리고 화교》, 정성호의 《화교》 등이 있다. 특히, 정성호의 《화교》에는 화교의 생존 전략, 네트워크, 사업 전략 등이 구체적으로 기술되어 있다.

돈의 위력을 웅변하는 중국의 유명한 속담 두 가지가 생각난다.

"돈이면 귀신도 부린다."
"돈은 만 가지 허물을 덮는다."

화교들은 이 속담들을 가슴속 깊이 새기며 장사에 나선다. '동양의 유태인'이라 불리는 화교들은 돈 버는 데는 탁월한 소양을 지닌 것 같다. 먼저 상인으로서 기본에 충실하였다. 그들은 인내, 근면, 성실, 신용, 절제, 절약, 검소 등의 덕목을 기본적으로 갖췄다. 화교들은 본능적으로, 사업에 따르는 위험을 알고 줄이려 노력한다. 《사기》에 나오는 '교활한 토끼는 세 개의 구멍을 뚫어 놓는다(교토삼

굴狡兎三窟).'는 경구는 화교 사업가들의 '가훈'이나 다름없다.

화교들이 이 땅에 정착하게 된 것은 임오군란의 발발과 깊은 관련이 있다. 진유광은 화교의 유래에 대해 간략히 기술하였다. 그 일부를 인용한다.

> 1882년 6월 9일, 청국은 조선이 군란을 진압하는 것을 돕고자, 당시 광둥성 수군 제독 우장칭(吳長慶)이 지휘하는 군인 3천여 명을 파견했다. 이들 군인들은 3척 군함에 분승하고, 상선 2척을 대동해 산둥성 옌타이(煙臺)에서 출발해 한 달 후인 7월 12일에 한성에 도착했다. 이 당시 청국 군인을 따라 한국으로 온 중국 상인이 약 40여 명 있었다. 이 40여 명의 상인이, 화교들이 한국으로 이주하는 진정한 시발점이 된다. (위의 책, 23~24쪽)

화교들이 이 땅에 정착한 지도 어언 140년의 세월이 흘렀다. 화교의 후손들은 이 땅에서 한의원, 양조장, 채소농, 약재상, 야채상, 잡화상, 건축·토목 노동자, 포목 장수, 정미소, 중화요리집, 이발소, 중국식 빵 가게(호떡집) 등의 일을 하며 닥치는 대로 돈벌이에 나섰다. 50여 곳에 이르는 화교 학교, 세운 상가에 위치한 중화 요리집 '아서원(雅敍苑)' 덕분에 화교란 이름은 그리 낯설지가 않다.

그러나 화교들을 차별하고 억압하며 배척한 국가정책[3] 탓에 그들 상당수가 북미 등지로 떠났다. 이들이 훗날 '한국 화교'의 자격으로 한국 관련 상품들을 만들고, 소개하고, 거래하여 막대한 부를 이루었다. '추방'당한 한국 화교들이 알게 모르게 한국 경제에 오히려 많은 도움을 준 것이다.

대만, 홍콩, 싱가포르, 말레이시아, 태국, 인도네시아 등은 '화교 국가'라고 해도 과언이 아니다. 화교 출신, 화교 자본이 이들 국가의 경제를 좌지우지한다. 다시 정성호의 《화교》를 들여다보자.

> 태국은 화교가 상업 및 제조업의 총자본 중 약 90%를 지배하고 있다. … 인도네시아는 화교계 인구가 4%에 지나지 않지만, 경제 부문의 약 80%를 지배하고 있다. 매출 상위 20대 기업 중 18개 기업이 모두 화교 기업일 정도다. … 말레이시아는 총인구의 약 29%가 중국계 후손이며, 이들이 상장 주식의 61%를 소유하고 있는 것으로 추정된다. … 싱가포르는 화교가 전체 인구의 약 77%를 차지하고 있으며, 상장기업의 약 81%를 장악하고 있는 것으로 추정된다. … 필리핀에서 화교의 인구는 약 1%에 불과하지만 국가경제 전체를 지배할 정도로 거대

---

3 이승만 정부가 취한 1948년 〈외국인 외환규제법〉, 1950년 〈관세창고 봉쇄령〉 등으로 인해, 화교들은 몰락의 길을 걸었다. 위의 책, 271쪽, 재인용.

한 경제력을 보유하고 있다. … 중국계가 전체 인구의 97%를 차지하고 있는 홍콩은 전 세계 화교의 메카다. (위의 책, 25~34쪽 요약)

화교는 동남아뿐만 아니라 남북미, 유럽, 러시아, 호주, 아프리카에 이르기까지 오대양 육대주에 광범위하게 존재하고 있다. 화교의 대다수는 현지 국적을 취득하였다. 중국 본토 사람들은 이들을 '화인(華人)'이라 부른다. 돈 냄새나는 곳에 화교가 몰려든다. 스털링 시그레이브는 《중국인 이야기》에서 "화교는 어느 한 국가에 속하지 않는 세계적인 규모의 인종세력"[4]이라고 표현하였다.

정성호의 《화교》를 근거로, 화교의 상술에 대해 정리해 본다.

- 종잣돈을 모아 친구들과 공동 출자하여, 소규모 식당이나 옷가게 등을 연다.
- 친족, 친구들과의 동업을 선호한다.
- 화교 월급쟁이들은 보통 2~3개의 소규모 사업장에 공동 투자한다.
- 백 명의 친구를 사귀기보다 단 한 명의 원수도 맺지 않는다.
- 동족, 동향, 동업의 결합체라는 강력한 네트워크를 구축한다.
- 부동산은 가장 선호하는 투자 대상이다.

---

4 정성호 저, 《화교》, 5쪽 재인용.

- 국경을 초월한 유대관계, 현지 정부 및 정치인과 유대관계를 맺는다.
- 정보 수집에 최선을 다한다. 풍속, 습관, 유행, 문화, 스캔들까지 수집한다.
- 자녀 교육에 재력을 쏟아붓는다. 하버드, 예일, 옥스퍼드, 케임브리지 등 명문대에 화교 자녀들이 득시글하다. 2세들은 세계 유력층 자녀들과 교류함으로써, 글로벌 네트워크를 구축한다.
- 단기 투자보다 장기 투자를 선호한다.
- 경쟁자가 거의 없는 새로운 시장 개척에 나선다.
- 상조회, 상공회의소, 직업 조합, 복지위원회를 조직하여 공존공생을 도모한다.
- 신용과 정직을 목숨처럼 여긴다. 외상 거래는 기본이다.
- 승산 없는 사업, 지는 사업, 지는 게임은 하지 않는다.

필자가 부언하자면, 《손자병법》〈군형(軍形)〉편에 보이듯, '먼저 이겨 놓고 싸운다(선승이후구전先勝而後求戰)'. 쉽게 풀이하자면 먼저 승리할 요건, 환경 등을 구비한 후 전쟁(장사)을 한다는 뜻이다.

위에서 열거한 화교들의 돈 버는 방법 가운데 단연 돋보이는 것은 '꽌시'라고 하는 연결망이다. 유태인처럼, 화교들도 여러 이유로 나라와 고향을 등졌고 박해를 받았다. 망망대해에서 일엽편주에 의지하여 잡초처럼 살아남아야 했다. 이들에게 친족은 물론 친구, 고향 사람은 한 핏줄과 같다. 이들의 공고한 단결력, 유대관계는 상상을 초월한다. 서로 당겨 주고 밀어준다. 그러니 사업에 실패할 리가 없다. 일단 꽌시가 맺어지면 서로가 서로를 목숨처럼 지켜 준다. 혈연, 지연에 근원한 꽌시는 거의 대를 이어 영속적으로 이어진다.

한국인들이 중국 현지에서 중국인들과 관계를 맺는 모습을 지켜보자면 참으로 어설프고 한심하다. 우리나라 사람들은 중국에 가서, 단지 '돈의 힘'으로 꽌시를 맺는다. 술대접, 성 접대, 호주머니에 현금 얼마를 찔러 주면 꽌시가 맺어진 것으로 착각한다.

천만의 말씀이다. 이런 식의 꽌시는 진정한 의미에서의 꽌시가 아니다. 아까운 돈만 날릴 뿐이다. 중국은 동업을 선호하는데 우리는 그렇지 못하다. 친구지간, 부자지간에도 동업을 하지 말라는 말은 서로를 불신하기 때문이다.

화교 재벌과 한국 대기업 창업주들의 돈 버는 비결은 일맥상통하는 것 같다. 그들은 근검절약, 인내심, 정직, 성실, 신용, 실패를 두려워하지 않는 불굴의 용기 등을 갖추었다. 워런 버핏, 홍콩의 거부 리자청(李嘉誠), 이병철, 정주영 회장 등은 검소하고 부지런한 사람들이었다.

돈 버는 방법에 대한 비책이 따로 있을 리 없다. 그들은 그저 기본에 충실했다. 실패해도 오뚝이처럼 다시 일어섰을 뿐이다. 초로에 접어들어 뒤늦게 '돈맛'을 안 지금, 이웃집 '왕서방' 아저씨를 찾아뵙고 돈 버는 비결을 묻고 싶다.

돈 벌고 싶은가? 호설암(胡雪岩)에게 배워라

중국에서 수년간 교편을 잡던 시절, 대학생 제자들에게 진로를 물어보면 상당수가 창업을 꿈꾼다. 어떤 친구는 호설암 전기를 들고 다니며 탐독한다. 창업하려는 청년, 자영업자, 중소상공인, 대기업 경영자, 사립학교 이사장 등은 호설암의 상도를 터득할 필요가 있다.

그의 전기는 시중에 많이 나와 있다.《호설암의 기회경영》,《장사의 신, 호설암》,《홍정상인, 호설암의 인간 경영》등 다수가 있다. 모두 비슷한 내용이므로 한 권이면 족하다. 반드시 읽어 보기 바란다. 필자가 일찌기《중국인, 천의 얼굴》에서 호설암의 흥망에 대해 요약 서술한 바 있다.

그는 미천한 가정에서 태어나 글 한 자 제대로 배운 적이 없었다.

그러나 남다른 비범함을 갖췄다. 배포와 뚝심, 비상한 두뇌 회전, 사람을 알아보는 안목, 시장의 흐름을 읽어 내는 능력, 대범함과 관대함, 과감한 승부수, 능수능란한 처세술 등 그의 장점은 이루 다 헤아릴 수 없다. 그는 이렇게 말하였다.

> 단 한 푼이라도 벌 수 있다면 칼날에 묻은 피도 기꺼이 핥을 줄 알아야 한다. (어우양이페이歐陽逸飛 저, 김준봉·이지현 역, 《호설암의 기회경영》, 135쪽)

작은 돈도 귀하게 여겨야 함은 물론, 돈을 벌 수만 있다면 서슬 시퍼런 칼날에 묻은 피도 핥을 수 있는 대범함, 과감함, 용기까지 갖춰야 함을 강조한 것이다.

쩡다오(曾道)가 쓴 《장사의 신, 호설암》에 보면 호설암의 상술이 낱낱이 드러난다. 이 중의 일부를 간추려 본다.

- 이름을 알리는 것이 돈 버는 것보다 중요하다.
- 눈에 띄는 간판을 세워라.
- 속이지 마라.
- 검은돈, 원한을 살 돈과 데일 돈은 취하지 마라.
- 남에게 활로를 열어 주면, 자신에게 재로(財路)가 생긴다.

- 넓은 가슴으로 인재를 끌어모으라.
- 상호 이익을 취할 방법을 배우라.
- 자신을 구하는 법을 배워라.
- 주변을 맴도는 소인배들을 조심하라.
- 아랫사람을 믿고 맡겨라.

그가 경영하여 대박이 났던 호경여당(胡慶餘堂)을 예로 들어 보자. 호경여당에는 다음과 같은 문구가 적혀 있다.

> 약업은 생명과 관계되는 것이므로 결코 속여서는 안 된다. 조악한 물건으로 폭리를 취하려 하지 마라. 조제를 세심하게 하고, 자신과 남을 속이는 일을 하지 마라. … 약재를 다듬고 빼고 더하는 것을 비록 보는 사람은 없지만 그 마음을 하늘이 안다. (위의 책, 77~78쪽)

'속이지 마라(戒欺)' 두 글자를 눈에 띄는 곳에 붙여 놓았다. 고객들에게 약의 제조 과정을 공개하여, 약재가 모두 진품이라는 것을 믿도록 한 것이다. 한 푼의 에누리도 불허하며, 철저한 정찰가(不二價)로 운영했다. 직원이 은퇴하면, 종신 연금을 지불했으며, 직원이 죽으면 유가족에게 위로금을 주었다.

문득, 늘 문전성시를 이루던 경주의 유명한 황남빵 가게가 생각난다. 이 가게에 들어서면 엄청난 양의 팥고물을 한가운데 쌓아 놓고, 7~8명의 점원이 둘러앉아 빵을 만든다. 빵 만드는 과정을 손님들이 직접 볼 수 있다. 100% 국산 팥이다. 얇은 밀가루 피에 팥을 잔뜩 집어넣은 모습을 보면 군침이 돈다. 고객을 추호도 속이지 않으려는 신뢰와 정성이 돋보인다.

호설암은 좌종당을 비롯한 청나라 지방장관, 세도가들과 깊은 관계를 맺으며 부와 명예와 권력을 한 몸에 거머쥐었다. 당시 태평천국군이 맹위를 떨치며 전국을 휩쓸고 다녔다. 무기를 구해 '반란군'에게 몰래 팔면 막대한 이익을 남길 수 있음에도, 검은돈은 아예 돌아보지 않았다. 원한 살 돈, 건드리다 '쥐약'이 될 돈은 쳐다보지 않았다.

도처에 사기꾼들이 득실거려 마음이 무겁다. 주변을 둘러보면 사기당하지 않은 사람 찾기가 힘들다. 보험 사기, 다단계 사기, 홍보관 사기, 기획 부동산 사기, 주식투자 사기, 대포통장 사기, 대포차 사기, 중고차 허위 매물 사기, 대출 유혹 사기, 취업 미끼 사기, 전세 보증금 사기, 아파트 분양 사기 등등 이루 다 헤아릴 수 없다. 온 천지가 사기판 같아 사람 만나기가 두렵다.

"저놈도 혹시 사기꾼 아닐까!"

일부 중고자동차 매매단지는 인터넷에 허위매물을 올려놓고, 어렵게 찾아온 고객들에게 공갈·협박을 일삼는다. 늑대 굴, 호랑이 굴에 제 발로 찾아간 격이다. 간 큰 사람 아니면 그곳에서 빠져나오기도 쉽지 않다. 중고차 딜러는 아버지도 속이고 자식도 속인다는 말이 유행어처럼 떠돈다.

　'양심 경영'을 철칙으로 삼았던 호설암이 만일 이 땅에서 중고차 사업을 벌인다면, 전국 중고차 업계를 석권하고도 남을 것이다.

부자의 쌀 한 톨, 거지의 쌀 한 가마

동아그룹 창업주, 고 최준문(崔竣文, 1920~1985, 충남 공주 출생) 회장은 그의 어록에 다음과 같은 유명한 말을 남겼다.

"부자는 쌀 한 톨을 귀하게 여기고, 거지는 쌀 한 가마를 하찮 게 여긴다."

태어날 때부터 부자가 따로 있고, 거지가 따로 있는 것은 아니다. 오늘날 거지는 자취를 감추었으나 빈털터리에다 빚까지 진 사람들이 너무나 많다. 노숙자들이 서울역 지하도에서 종종 눈에 띌 뿐이다. 도시의 공원에는 가난한 노인들이 우글거린다.

한때는 쌀 한 가마, 몇십만 원을 하찮게 여겼던 사람들이, 푸른

눈의 외국인 신부가 나눠 주는 500원짜리 동전 한 닢을 받으려고 길게 늘어서 있다. 한때는 남부럽지 않게 살았던 사람들이 국밥 한 그릇 얻어먹으려고 엄동설한에 교회 앞에 줄지어 서 있다. 인기 연예인, 국회의원까지 지냈던 사람들이 어찌하여 6평 컨테이너 박스에 갇힌 신세가 되었는가. 다 돈을 우습게 알았기 때문에 일어난 비극이다.

중고 물품을 파는 동묘 입구, 벼룩시장에는 몇천 원짜리 옷이 수두룩하다. 세탁소에서 꼬리표도 떼지 않은 채 막 나온 옷들도 꽤 있다. 이곳을 찾는 사람들은 빈부를 떠나 검소한 사람들일 것이다. 잘 들여다보면 남루한 행색의 노인들도 상당히 많다.

어느 해 그곳에서 중고 낚싯대 두 대를 5만 원에 샀는데, 8년째 수리 한 번 안 하고 잘 쓰고 있다. 30만 원짜리 새 낚싯대보다 내구성·유연성 등 여러 면에서 훨씬 만족스럽다.

고 정주영 회장도 돈을 모으려면 번 돈보다 덜 써야 한다고 하였다. 이렇게 간단한 방법조차 실현하기란 쉽지 않은가 보다. 부자의 아들로 태어나 비렁뱅이 신세를 면치 못하는 사람이 종종 눈에 띈다. 소득보다 낭비가 심한 탓이다.

탤런트 임영규 씨의 일화가 한때 세인의 입에 오르내렸다. 그는 부모로부터 수백억 재산을 물려받았다. 미국 해변가에 위치한 고급

별장을 사들여, 그곳에서 초호화판 생활을 누렸다. 허랑방탕한 생활 탓에 그 많던 재산도 눈 녹듯 사라져 버렸다. 불과 수년 만에 부친이 물려준 막대한 유산을 날려 버린 것이다. 찜질방에서 생활하는 그의 초라한 몰골이 화면에 비쳤다. 낭비벽이 부른 비참한 결과다.

가까운 사람의 일화를 소개한다. 그는 광산업과 운수업으로 막대한 부를 축적했다. 그에게 아들 하나가 있었다. 이 아들은 수려한 용모에다 고생 한 번 안 하고 귀공자처럼 자랐다. 이 외아들이 모든 재산을 물려받았다.

그런데 이 사람이 하는 일이라곤 먹고 마시고 즐기고 베푸는 일이 전부였다. 빚보증도 서 주고, 틈틈이 화류계 생활도 즐겼다. 부모가 물려준 전 재산을 탕진한 뒤, 그의 만년은 비참하였다. 의자에 홀로 앉아 건빵을 씹으면서 TV를 보다가 의자가 뒤로 넘어지면서 탕자의 초라한 삶을 마감하였다.

또 한 가지 일화를 소개한다. 부모로부터 거액의 유산을 물려받은 미국 거부 청년의 이야기다. 거금 7천억을 손에 쥔 부자 청년은 자선단체에 기부하며 나름대로 열심히 살았다. 남을 위해 돈을 아낌없이 썼다. 주변에 사람들이 구름떼처럼 몰려들었다.

수중에 남은 돈이 점점 줄어들자, 자신을 빈털터리라 여기고 비관하였다. 그리고 어느 날 그만 고층 빌딩에서 몸을 날려 죽었다. 돈을 우습게 알고 물 쓰듯 헤프게 써 버린 대가를 톡톡히 치른 것이다. 돈을 쓸 줄만 알았지, 지키는 법을 모른 자의 비극이다.

젊은 사람들은 외제차를 소유하는 것이 꿈인 것 같다. 20대 후반에, 월급이 250만 원 정도 되는 비정규직 젊은이 얘기가 화면에 소개되었다. 그는 1억짜리 외제차를 몰다 도저히 감당할 수 없어서 7개월 만에 되팔았다. 무려 3천만 원이나 손해를 보고 팔았다. 그는 이렇게 말하였다.

"저는 절대 후회하지 않아요."

과연 후회하지 않을까?

동네 정비소에 차를 맡기며 차 한잔하다가 오래된 에쿠스 차를 발견하였다. 대형차에 관심이 많았던 터라 누구 차냐고 물었다. 옆에 있던 노인네가 자기 차라고 하였다. 몹시도 부러웠다. 그 노인이 가고 난 다음에 정비소 주인이 비아냥거렸다.

"기초 수급자 주제에 분수도 모르고 큰 차를 몰고 다닌다니까…."

어떤 농부는 집 앞에 구형 에쿠스를 세워 놓고, 열심히 세차를 한다. 그가 차를 운행하는 것을 한 번도 본 적이 없다. 우리 동네 어느 집 간이 차고에는 구형 에쿠스가 먼지를 잔뜩 뒤집어쓴 채 처박혀 있다.

강원도 산골 친구 집에서 만난 노스님은 친구와 동네 이장, 심마니 등과 어울려 고스톱을 즐긴다. 이 늙은 스님의 몰골은 몹시 초라하다. 나이가 들어 절에서도 하산하였다. 집도 없고 돈도 없고 차도 빌려 타고 다닌다. 아는 집에서 공짜로 머물며, 사주 관상을 봐준다. 어느 날, 노스님은 이렇게 푸념하였다.

"절간 주지로 있을 때는 주체할 수 없을 정도로 돈이 많았어. 이 사람, 저 사람에게 닥치는 대로 퍼 줬지. 난 항상 돈이 떨어지지 않을 줄 알았어."

조석으로 동네 천변에서 낚시를 즐기는 기쁨은 말로 다 표현할 수 없다. 낚싯대도 5만 원짜리를 쓰는 사람, 70만 원짜리 일제 시마노 낚싯대라며 한번 만져 보라고 자랑하는 사람 등 참으로 다양하다. 겉으로는 누가 부자인지, 누가 빈털터리인지 도무지 알 수가 없다.

자주 보던 전주에 사는 늙은 강태공이 낚싯바늘 100개가 든 작은 플라스틱 통을 내게 건넨다. 거기에는 3,450원이라고 적혀 있다. 가성비 최고인 튼튼한 감성돔 바늘 100개를 선물로 받은 셈이다. 1개 300원 하는 고급바늘이나 한 개 30원 하는 바늘이나 붕어를 낚아 올리는 데는 별반 차이가 없다. 내게는 30원짜리 낚싯바늘 하나도 너무나 소중하다. 바늘 하나로 붕어 수십 마리를 낚아 올릴 수 있기 때문이다.

돈의 두 얼굴

술, 고기, 여색, 도박 등으로 재산을 탕진하고 극단적인 선택을 한 사람들이 눈에 아른거린다. 낭비가 탕진을 부르고 탕진이 죽음을 부른다. 가난뱅이가 돼서는 형제자매는 물론 주위 사람들에게조차 손가락질을 받는다. 사소한 습관 하나로 부자가 되기도 하고 빈털터리가 되기도 한다. 부자가 되고 싶다면, 그리고 모은 재산을 날리고 싶지 않거든, 다시금 동아그룹 창업주의 말을 되새겨야 할 것이다.

"부자는 쌀 한 톨을 귀하게 여기고, 거지는 쌀 한 가마를 하찮게 여긴다."

돈이냐, 자유냐?

먼저 자유를 버리고 '빵'을 택한 환관의 얘기를 하려고 한다. 전제 군주 시절, 자신의 신체 일부를 훼손하여 돈 버는 데 뛰어든 '극한 직업'이 존재했었다. 이 직업에 몸을 던진 사람들이 바로 환관들이다.

환관은 엄인(閹人), 태감(太監, 환관의 우두머리), 내시, 제3의 성, 중성, 고자, 거세된 자, 남성 실격자, 흠결 있는 자, 변종, 가축 인간 등등 여러 가지로 불린다. 환관의 모든 것에 대해 상술한 책으로는 《환관 이야기》, 《황제 비서실장, 환관》, 《자금성, 최후의 환관들》이 있다. 이 책들에 의하면, 환관과 돈은 떼려야 뗄 수 없는 관계다.

일인지하, 만인지상의 권세를 누렸던 희대의 간신 위충현(魏忠賢, 1568~1627)은 도박 빚을 갚기 위해 스스로 거세하였다. 이를 '자궁

(自宮)'이라 한다. 청 말 최후의 환관 중 한 사람인 마더칭(馬德淸)은 9세에 아버지가 강제로 거세하였다. 4수 끝에 열세 살 무렵, 친척의 청탁에 힘입어 궁궐에 들어갔다. 혹독한 가난에서 벗어나려고 아버지가 아들에게 저지른 '슬픈 만행'이다.

환관으로서 《자금성, 최후의 환관들》을 저술한 신슈밍(信修明)은 말한다.

"나는 본래 돈을 밝히고 가난을 끔찍이 싫어하는 사람이었다."

사마천처럼 바른말을 하다가 한무제의 노여움을 사 환관이 된 경우는 예외로 치자. 대다수는 돈과 입신출세를 위해 '환관 고시'의 문을 두드린 사람들이다. 마지막 환관 가운데 한 사람이었던 런푸톈(任福田)도, 환관들은 대부분 가난한 집 자제들이었다고 회고한다. 돈과 부귀영화를 위해 가난한 집 자식들이, 이미 '준비된 몸'으로 황궁을 향해 부나방처럼 뛰어들었다. 환관들이 유독 돈을 밝히는 이유를 알 것 같다.

명 말에는 환관이 십만이 넘었다고 한다. 환관이 많다 보니, 연극배우 환관, 무술 실력이 뛰어난 경호 환관, 비밀 정보국에서 일하는 스파이 환관 등 종사하는 직업도 다채롭다. 조선이 그토록 받들던 명나라는, 알고 보면 환관의 나라, 환관이 정보기관의 수장을 역임했던 '환관 정보부'의 나라였다.

《환관 이야기》에 따르면, 명조 말기에는 환관 3천 명을 모집했는데 응모자가 무려 2만 명에 달했다고 한다(미타무라 다이스케 저, 한종수 역, 《환관 이야기》, 61~62쪽). 경쟁률이 무려 6대1을 넘어선 것이다. 환관 고시에 실패한 자들은 유랑걸식하거나 도적 떼가 되었다.

위충현이나 유근(劉瑾)은 어쨌든 몸으로 때워 돈을 모은 이른바 '환관 재벌'들이다. 특히 2010년 인민일보는, 지난 1000년을 망라하여 추산한 결과, 중국의 부자 1위로 유근을 꼽았다. 그리고 앞서 언급한 화신이 2위에 올랐다. 환관들이 유독 돈을 밝히는 이유를 이제야 알 것 같다.

부모에게 재산을 물려받은 대구의 어느 전통시장 상인이 큰소리친다. 이 친구는 부모에게 물려받은 식자재 마트에서 종일 물건을 나르고 파는 것에 이골이 났다. 한마디로 몸으로 때워 돈 벌기가 싫어진 것이다. 건실한 청년이 마침내 주식에 손을 댔다. 주식 클럽에도 가입했다. 한마디로 주식 미치광이가 된 것이다. 어느 날, 이 친구를 만나자 얼굴에 자신감이 넘친다.

"50대 초반까지 200억 벌어서, 돈 걱정 없이 해외여행이나 하면서 자유롭게 살 겁니다. 지켜보십시오. 형님!"

그 후배는 50이 지났으나 살림살이는 더 팍팍해졌다. 천 원 한 장도 쓰기를 주저했던 성실한 사람이 주식으로 그 아까운 돈을 다 날렸다. 허구한 날 술 퍼마시고 돈 빌려 오라고 소리치자, 그의 아내가 말한다.

"차라리 나를 팔아라!"

지금 그는 다시 정신 차리고 온몸으로 일하며, 열심히 빚을 갚고 있다. 돈의 힘으로 무한한 자유를 누리려다 다시 몸으로 때우는 신세가 된 것이다.

많은 사람들이 눈만 뜨면 '빵'을 위해 분주히 움직인다. 대부분 몸이 '파김치'가 돼서야 하루 일과가 끝난다. 시장에서 찐빵을 만들어 파는 70대 노인은 새벽 3시부터 가게에 나와 밀가루 반죽을 하고 빵을 만든다. 그의 말이 인상적이다.
"빵 천 개 만들어 팔아야 고작 25만 원 벌어요."
그래도 그의 표정은 밝다.

어느 치과 의사는 하루 종일 환자의 썩은 이를 들여다보는 데 이골이 났다. 폐업 신고를 하고 부인과 분식집을 차렸다. 한산할 때는 일간 신문도 들여다보는 여유를 즐긴다. 돈도 돈이지만 여유를 택한 것 같다. 또 다른 치과 의사는 6개월은 일하고, 6개월은 가족 동반 해외여행길에 나선다. 돈보다 자유를 찾아 나선 것이다.

오래전에 파주에서 약국을 운영하는 어느 선배의 푸념이다.

"1년 365일 내내 온종일 틀어박혀, 흰 옷 입고 약이나 팔며 내가 도대체 뭐 하는 사람인지 모르겠다."

결국 이 약사는 50대 중반에 약국을 접었다. 그리고 산으로 바다로 호수로 여행을 떠난다. 돈도 돈이지만 자유를 택한 모양이다.

최소한의 삶의 여유를 누리기 위해서는 돈이 필요하다. 돈을 많이 가진 사람들이 오히려 더 돈의 굴레에서 허덕인다. 죽을 때까지 "돈! 돈!" 하며, 돈의 울타리에 갇혀 살 것인가? 아니면 자유로운 삶을 택할 것인가? 그것은 각자의 몫이다.

부자 되는 비결

돈을 부처님같이 쓰면 자비로운 돈이 될 것이고, 돈을 개같이 쓴다면 그 돈은 악취 나는 더러운 돈이 될 것이다.

돈을 사랑함이 일만 악의 뿌리가 되나니, 이것을 탐내는 자들이 미혹을 받아 믿음에서 떠나, 많은 근심으로써 자기를 찔렀도다. (디모데 전서6:10)

이 구절을 잘못 받아들이면, 부자가 되지 못하고 '청빈'한 가난뱅이로 살 가능성이 높다. 빈말이 아니라 경험적으로 하는 말이다. '돈은 악의 뿌리'라는 이 글귀가 교조처럼 뇌리에 박히면, 은연중에 돈을 등한시하거나 무시하게 된다.

여기에서 '돈을 사랑함'이라는 의미를 잘 새겨 보아야 한다. 땀 흘려 정당하게 벌고 소중히 여기고 아껴 귀한 곳에 사용한다면, 돈을 사랑한다고 할 수 있다. 그러나 여기에서 말하는 '돈을 사랑함'이란, 돈에 과도하게 집착하면 파멸에 이를 수 있다는 경고의 의미이다. 돈은 악마가 사용하면 악마의 모습을 띠고, 천사가 사용하면 천사의 모습을 띤다. 돈은 천사와 악마의 두 얼굴을 하고 있다. 다음 사례가 이를 증명하고도 남는다.

지난해 5월의 일이다. 강남에 사는 83세 노인이, 43년간 같이 살며 9남매를 기른 '조강지처'와 금전 문제로 다투다 둔기로 잔인하게 살해하였다. 자신이 살았던 아파트 1층 앞, 많은 사람들이 보는 앞에서 저지른 만행이다.

돈이 도대체 무엇이기에, 천국 길이 가까운 팔순 노인이 살인마로 전락한 것일까? 자녀들도 흉악무도한 아버지를 엄벌에 처해 달라고 호소하였다. 법원에서 이 '악마 노인'에게 18년형을 선고했다.

돈을 나눠 줄 줄 아는 사람들이야말로 진정한 의미의 부자라 할 수 있다. '기부 천사'들의 선행이 각박한 세태에 온기를 더한다. 워런 버핏은 2020년까지 모두 44조 원을 기부하였다고 한다. 버핏의 자녀들도 부친의 뜻을 기꺼이 따랐다. '기부왕' 빌 게이츠 부부도 이에 필적할, 수십조 원을 기부하였다.

20대에 이미 세계적 갑부 반열에 올랐던 마크 저커버그의 기부 이야기다. 2016년 '페이스북' 창업자 마크 저커버그 부부가 450억 달러(약 52조 원)를, 생전에 사회에 환원하겠다고 선언하였다. 52조 원은 페이스북 지분 중 99%에 달한다. 갓 태어난 딸, 맥스에게 보내는 편지 형식의 기부 소감이 가상하다.

"지구상의 모든 부모처럼, 우리가 사는 오늘의 세상보다 더 나은 세상에서 네가 자라길 바란다."

최근에는 아마존 창업자이자, 165조라는 막대한 부를 축적한 제프 베이조스도 재산의 대부분을 사회에 환원하겠다고 선언하였다.

김장훈도 '기부 천사'로 잘 알려져 있다. 그가 기부한 금액만도 200억 원에 달한다. 바쁠 때는 한 해 400회 이상의 공연을 하였다. 목청껏 소리 지르며 번 돈이며, 광고 수입으로 번 돈 대부분을 기부하였다. 인기 연예인이 돈방석에 오르면 어느 정도 이미지 관리를 위해 기부하는 경우는 흔하다. 그러나 김장훈처럼 월세방을 전전하면서까지 기부를 몸소 실천하는 경우는 드물다. 이해하기도 힘들 뿐만 아니라 그저 존경스러울 따름이다. 선한 사람이 선한 목적을 위해 돈을 쓰니, 얼굴만 봐도 천사 같다.

주변에는 새벽 기도를 열심히 다닌다고 소문난 사람들이 있다. 이들의 겉모습만 보고, 큰돈을 빌려주었다가 떼인 사람이 너무도 많다. 2023년 4월에도 유사한 사건이 터졌다. 강남의 모 대형 교회 여신도인 신 모 씨(65세)가 5년에 걸쳐 투자금 명목으로, 같은 교회 교인 53명으로부터 갈취한 돈이 무려 800억 원에 달한다. 이 돈으로 초호화판 생활을 누렸고, 자녀들도 해외 유학을 보냈다.

전하는 소식에 의하면 이 여자는 새벽기도를 하루도 거르지 않는 '모범 교인'이었으며, 각종 봉사단체에 아낌없이 쾌척하며 헌신적인 모습을 보였다고 한다. 겉으로 드러난 행동만 보고서 사람을 믿었다가는 패가망신하기 쉽다.

돈을 밝히는 '사이비 기독교인', '사이비 종교인'을 우리 스스로가 병아리 감별하듯 걸러 내야 화를 면한다.

사이비 종교의 주요 특징 중 하나가 지나치게 돈을 밝힌다는 것이다. 헌금 강요, 십일조 강요 등이 그것이다. 억압에 못 이겨 집 팔고, 땅 판 돈으로 사이비 종교단체에 피 같은 돈을 기부한다. 거짓 교리의 유혹에 빠져 오두막 신세를 져도, 무엇이 잘못됐는지 분별하는 능력조차 없다. 한심하기 짝이 없다.

대기업 총수를 지냈던 어느 기업인은, 고액 상습 세금 체납자로 낙인이 찍혔다. 그가 종종 화면에 얼굴을 드러낸다. 예고 없이 들이닥친 38기동대 세금 징수 공무원에게 세금 낼 돈이 없다고 항변한다. 너무나 억울하다는 표정이다.

돈의 두 얼굴

그런데 세금 낼 돈은 없다면서 고급 주택, 고급차를 소유하고 집 안에는 온갖 명품들이 즐비하다. 국세청 관계자들은 일가족의 재산이 1,800억 원에 이른다고 추산한다. 재산을 은닉한 채 돈 한 푼 없다고 버티는 전직 회장과, 앞다퉈 돈을 사회에 환원하려는 미국의 거부들이 묘한 대조를 이룬다.

아무도 십일조를 강요할 권리도, 의무도 없다. 다만 십일조의 풍요로움에 대해 의견을 말할 뿐이다. 스스로 깨달아야 소득의 십분의 일을 남을 위해 쓸 수 있다. 먼저 남을 위해 소득의 십분의 일을 떼어 놓으면 마음이 편안하다. 돈에 대한 집착에서 벗어나게 돼 마음이 한결 자유롭다. 그 돈을 이웃과 나누려는 넉넉한 마음이 생겨난다. 결과적으로 돌고 돌아 다시 베푼 돈이 어떤 형태로든 되돌아옴을 실감한다.

왜 세계적인 부호들의 대부분이 유태인인지를 곰곰 되새겨 보아야 할 것이다. 유대인은 어려서부터 아이들에게 소득의 십분의 일을 이웃과 나누도록 가르친다. 만 원에 십분의 일은 천 원이다. 천 원 정도를 십일조로 내는 것은 큰 부담이 없다. 그러나 액수가 커지면 얘기가 달라진다. 10억이면 1억을, 100억이면 10억을 남을 위해 십일조로 할애해야 한다. 쉬운 일이 아니다. 그래서 유태인은 어려서부터 엄격하게 십일조의 당위성에 대해 교육받고 자란다. 유태인 거부들이 수십조의 거액을 사회에 기부하는 이유를 여기에서 찾아야 할 것이다.

> 부(富)하려 하는 자들은 시험과 올무와 여러 가지 해로운 정욕
> 에 떨어지나니 곧 사람으로 침륜과 멸망에 빠지게 하는 것이
> 라. (디모데 전서 6:9)

급히 부자가 되려고 지나치게 욕심을 부리지 말라는 뜻으로 이해
하면 될 것이다. 성경은 우리에게 부자 되는 비결을 간단 명쾌하게
알려 준다.

> 만군의 여호와가 이르노라. 너희의 온전한 십일조를 창고에 들
> 여, 나의 집에 양식이 있게 하고, 그것으로 나를 시험하여 내
> 가 하늘 문을 열고, 너희에게 복을 쌓을 곳이 없도록 붓지 아
> 니하나 보라. (말라기3:10)

돈의 두 얼굴

빈자의 그릇, 부자의 그릇

사람마다 위(胃)의 크기가 다르듯이, 그릇의 크기도 사람에 따라 다르다. 부자의 그릇이 따로 있고, 가난뱅이의 그릇이 따로 있는 것 같다. '금수저'로 태어났어도 그릇이 작아 재산을 다 담지 못하고 흘려버려 비렁뱅이가 된 사람이 많다. 반면에 '흙수저'로 태어났어도, 그릇의 크기를 꾸준히 늘려 부자의 대열에 들어선 사람들도 흔하다. 그래서 세상은 공평한가 보다.

이처럼 그릇의 크기란 부단히 늘릴 수 있는 것이다. 따라서 흙수저로 태어났다고 낙심, 절망, 포기, 단념, 체념, 숙명이란 부정적인 단어를 떠올려서는 절대 안 된다. 좌절하고 주저앉아 있을 수만은 없다.

팻 메시티(Pat Mesiti)는 《부자 선언》의 서문에서 '그릇'이란 바로

'사고방식'이라 하였다. 그는 이 책에서 이렇게 강조하였다.

> 성공에서 가장 중요한 요소는 돈이 아니라 사고방식이다. …
> 일생일대의 행운이 따르더라도 가난뱅이의 사고방식에 머무르
> 면 결코 부자가 될 수 없다.[5]

메시티는 그릇이 작아 빈털터리가 된 두 사람을 예로 들었다.[6] 한 사람은 앤드류 잭슨 휘태커 주니어다. 그가 복권을 한 장 샀는데, 무려 3억 1,500만 달러라는 거금에 당첨됐다. 미국 복권 역사상 가장 큰 액수였다. 친구와 친척들이 끊임없이 돈을 빌려 갔다. 4년 만에 그 많던 돈이 흔적도 없이 사라졌다. 그는 복권 때문에 인생을 망쳤다고 한탄한다.

또 한 사람은 '핵주먹', '핵이빨'로 잘 알려진 타이슨이다. 그는 3억 달러가 넘는 재산을 흥청망청 물 쓰듯 탕진했다. 성 추문을 비롯한 문란한 사생활이 매스컴을 통해 여러 차례 보도됐다. 사치와 낭비 또한 극에 달했다. 그 많던 돈이 넘쳐흘러 증발해 버리고 말았다.

팻 메시티는 두 사람 다 재산을 담을 그릇의 크기가 너무나 작았다고 진단하였다. 두 사람 모두 오래도록 풍요를 누릴 만한 그릇을

---

5 팻 메시티 지음, 이미숙 옮김, 《부자 선언》, 10쪽.
6 위의 책, 8~10쪽.

갖추지 못한 것이다. 아울러 아프리카로 출장 간 두 명의 신발 세일 즈맨을 예로 들었다. 본문을 옮겨 본다.

> 세일즈맨 한 사람이 사장에게 다급하게 편지를 보냈다. '돌아 갈 비행기표를 보내 주십시오. 이곳에서는 아무도 신발을 신 지 않으니 도무지 팔 가망이 없습니다.' 다른 세일즈맨 역시 사 장에게 편지를 보냈다. '최대한 빨리, 신발 천 켤레를 보내 주 십시오. 이곳에서는 아무도 신발을 신지 않으니 기회가 무궁 무진합니다.' (위의 책, 78~79쪽)

한 사람은 비관적으로 생각했고 한 사람은 낙관적으로 생각했다. 생각의 차이가 이렇게 전혀 다른 결과를 불러온 것이다.

가난한 자의 그릇, 즉 가난뱅이의 사고방식을 생각나는 대로 적어 보았다.

- 돈이 당장 내게 그렇게 중요한 것은 아니야.
- 난 가방끈이 짧아.
- 난 절대 부자가 될 수 없어.
- 돈이 많으면 타락할 거야.
- 내가 가난한 것은 팔자 탓이야. 내 팔자에 무슨 돈이 붙겠어.
- 나는 돈과는 무관한 사람이야.

- 내 주제에 이 정도 가진 것도 감사하지.

- 등 따시고 배부르면 되지, 뭘 더 바라겠어?

- 아무나 돈이 붙는 게 아니야.

- 정상적으로 돈을 벌었겠어? 사기 치고 남 등쳐서 벌었겠지.

- 언제나 이 지긋지긋한 가난에서 벗어날꼬?

- 돈이 인생의 전부는 아니야.

- 부자 되어서 뭐 해, 분수에 맞게 살면 되지.

이처럼 체념과 한탄과 자조(自嘲)가 앞서면 가난의 굴레에서 벗어날 수 없다. 부자 되려고 두 눈 부릅뜨고, 두 주먹 불끈 쥐고 노력해도 부자 되기 어려운 판에, 미리 자포자기하는 발언을 일삼는다면 영원히 부자가 될 수 없다. 함부로 뱉은 말의 위력은 참으로 무섭다. 가난한 자들은 자기비하적인 말로 세월을 보낸다. 부정적인 사고방식을 심으면 부정적인 싹이 자란다. 나쁜 생각을 하는데 좋은 결과가 나올 리 만무하다.

그럼 어떻게 하면 그릇의 크기를 늘릴 수 있는가? 이즈미 마사토(泉正人)의 《부자의 그릇》은 소설의 형식을 빌려 우리에게 '돈을 다루는 능력을 키우는 법'에 대해 설파하고 있다. 이 짧은 분량의 작품에서 저자가 던지는 메시지는 명료하다. 에필로그 부분에 전하고자 하는 핵심이 드러난다. 그 일부를 인용해 본다.

돈은 그 사람을 비추는 거울이다. 나는 이것이야말로 돈의 본질을 가장 잘 드러내는 말이라 생각한다. 돈을 어떻게 쓰는지를 보면 그 사람의 습관, 라이프 스타일, 취미와 취향 등을 모두 알 수 있다. … 즉, 돈이란 개인의 사고와 행동의 결과가 그대로 드러난 산물이다. … 사람에게는 각자 자신이 다룰 수 있는 돈의 크기가 있다. 이 말은 먼저 자신의 그릇을 키워야 그에 맞는 큰돈이 들어온다는 뜻이다. 그릇이 작으면 어쩌다 우연히 큰돈이 들어온다고 해도, 결국 모조리 나가 버리고 만다. … 우리의 그릇을 판단하는 건 바로 주변 사람들이다. 즉, 그릇이 준비가 안 된 상태에서는 그 그릇보다 큰 기회가 굴러오지 않는다. (위의 책, 218~219쪽)

아울러, 저자는 부채의 긍정적인 면, 돈의 성격에 대한 이해, 실패에서 오는 교훈, 신용을 지키고 금리 등을 이해해야, 그릇의 크기를 늘릴 수 있다고 하였다.

팻 메시티는 보다 더 구체적으로 '부자의 그릇'에 대한 얘기를 전개하였다. 그는 부자의 그릇이 되기 위해서는 부자의 사고방식을 습득해야 한다고 힘주어 말한다. 책 제목처럼, 메시티는 '부자의 그릇'이 되기 위해서는 먼저 '부자 선언'을 해야 한다고 하였다. 다음은 그가 예시한 '부자 선언문'이다.

"나는 부와 풍요를 이룰 것을 선언한다. 원하는 삶을 위해 열정을 바쳐 헌신할 것을 선언한다. 과거의 나를 뛰어넘어 백만장자 사고방식으로 변화할 것을 선언한다." (위의 책, 19쪽)

《부자 선언》 전반에 걸쳐 메시티가 역설한, 부와 풍요를 끌어들이는 부자의 사고방식의 골자를 정리하면 아래와 같다.

- 부자가 되겠다고 선언하고, 이미 부자가 된 듯 행동하라.
- 나는 부와 풍요를 누릴 가치가 있는 사람이다.
- 낙관주의자는 모든 어려움 가운데서도 기회를 엿본다.
- 당신은 최고가 될 것이다. 그러므로 최고를 선택하라.
- 지금 당장 부자가 되기로 결심하라.
- 부와 풍요로움은 선택이 아니라 필수다.
- 모든 부정적인 생각을 떨쳐 버려라.
- 지금 가진 것에 절대 만족하지 말고 더 큰 풍요를 추구해라.
- 나는 열정으로 내 가치를 증명해 보일 것이다.
- 나는 백만장자 사고방식으로 무장할 것이다.
- 포기하지 마라. 이 세상은 기회로 가득하다.
- 나는 과거를 극복하고 전진할 것이다.
- 나는 나의 소망에 초점을 맞추고 집중할 것이다.
- 나는 나를 믿는 사람들과 관계를 맺을 것이다.

– 부와 풍요는 순환할수록 불어난다. 나는 베푸는 삶을 살 것이다.

앞서 얘기한 '돈을 부르는 백만장자 마인드'와 일맥상통하다. 여러분은 소양호의 물을 담을 정도의 그릇이 되기를 원하는가? 아니면 욕조를 채울 정도의 그릇이 되기를 원하는가? 아니면 그릇이 작아 '밴댕이 소갈딱지' 소리를 듣는가? 진정으로 물질과 정신의 풍요를 누리려는 사람들은 다음 글을 명심하기 바란다.

"나는 풍요로워지고 싶다. 나는 부를 창출하고 싶다. 나는 다른 사람이 부유해지도록 돕고 싶다. 나는 소외당한 사람들이 한 단계 상승할 수 있도록 돕고 싶다. 이런 일을 하기 위해 돈이 필요하다." (팻 매시티, 위의 책, 143쪽)

돈과
인간의 탐욕

소유욕, 탐욕

소유욕도 분에 넘치면 탐욕이 된다. 탐욕의 끝은 비참하다. 소유욕이 때로는 죽음을 부른다. 뉴스의 한 토막이다. 집에 불이 나자 어느 할머니가 겨우 몸만 빠져나왔다. 그리고 다시 불길로 뛰어든 할머니는 결국 다시 빠져나오지 못한 채 죽고 만다. 장롱 속에 감춰 둔 돈을 꺼내려다 불에 타 죽은 것이다. 안타깝기 짝이 없다. 최근에도 강릉 산불로 몸만 겨우 빠져나온 80세 노인이, 자신이 살던 펜션 안으로 다시 들어갔다가 숨졌다.

몇 해 전 강원도 고성 일대에 산불이 나서 속초 일대까지 번졌다. 사람이고 가축이고 야산이고, 마을이고 도시고 상가고 전봇대고 간에, 모두 쑥대밭이 되었다. 집에 고이 간직해 둔 지폐 뭉치도 몽땅 불에 타 버렸다. 들리는 얘기에 의하면, 불에 타 버린 돈이 집집마

돈의 두 얼굴

다 최소 몇백만 원은 넘을 것이라 하였다. 고성 일대에 사는 노인들은, 은행이 멀어서 집에 현금을 보관하여 필요할 때마다 꺼내 쓴다고 한다.

글을 최종 마무리하는 시점인 2023년 4월에도 화천·대전·금산·홍성·함평 등 전국 곳곳에서 대형 산불이 발생하였다. 화마(火魔)로 반려견도, 가축도, 집도, 농장도, 농기계도, 애써 모아 장롱에 잘 넣어 둔 돈뭉치도 숯덩이·잿더미가 되어 버렸다. 화면에 비친 펜션 주인, 갈 곳 잃은 할머니, 아주머니, 젊은 여자의 울부짖는 얼굴을 보고 있자니 마음 한구석이 몹시도 아리다. 돈 때문에 또 다른 희생자가 나오지 않기만을 간절히 바랄 뿐이다.

고향에 넓은 한옥을 소유하는 것이 평생의 꿈이었던 사람의 이야기다. 이 사람은 어릴 적 아주 가난하게 살았다. 도시에서 험한 일, 궂은일을 가리지 않고 돈을 모았다. 마침내 평생의 소원이 이루어졌다. 고향에다 마음에 쏙 드는 넓은 한옥 한 채를 마련하였다. 마당에 잔디가 잘 관리돼 있다. 마당이 얼마나 넓은지 작은 운동장만 하다. 부부가 마당에 쪼그리고 앉아 풀을 뽑는다. 남편이 한마디 한다.

> "하루도 거르면 잡초가 수도 없이 올라와요. 풀 뽑다가 하루해가 다 가요. 내가 이 집의 풀 뽑는 머슴이에요. 이 집은 머슴이 필요한 집이에요."

스스로 자신을 머슴이라 표현한 것이다. 이 사람이 한옥을 소유하였는지 한옥이 이 사람을 소유하였는지 잘 모르겠다.

고 이건희 회장이 수집한 골동품, 예술품 가치만 해도 십조 원이 넘는다고 한다. 입이 다물어지지 않는다. 이 회장이 생전에 재산을 불리려 예술품을 닥치는 대로 사들였는지, 아니면 깊은 뜻이 담겼는지는 알 길이 없다. 그래도 전시관을 지어 대중에 공개한다니 천만다행이다.

'장사의 신'으로 불렸던 호설암은 10여 명의 첩을 소유하였다. 본부인 휘하에, 첩들은 엄격하게 서열이 매겨져 있다. 호설암은 이 중에서 자신이 가장 아끼던 젊은 애첩 아교(阿巧)를 '꽌시'를 위해, 훗날 절강순무가 된 하계청(何桂淸, 1816~1862)에게 기꺼이 바쳤다.
그에게 첩들은 필요에 따라 쓰거나 버리고, 때로는 돈을 더 벌어들이기 위해 상납하는 자신의 소유물에 불과하였다. 수년 전, 돈 많은 중국인 배불뚝이가 딸만 한 첩을 무릎에 앉혀 놓고 나의 면전에서 거드름을 피우던 모습이 생각난다.

보통 사람들도 평생에 걸쳐 명품 아파트, 고급 외제 차, 고급 전원주택을 소유하려는 욕망에 불탄다. 그러나 명품을 소유한다고 해서 내면의 공허함이 채워질까?

소유욕이 도를 넘어서면 자신과 타인을 파멸시킨다. 종종 죽음을 부르기도 한다. 어느 도지사나 시장, 군수는 여비서를 공직자가 아닌 자신의 소유물로 여긴 것 같다. 하루걸러 성폭행 사건이 언론의 도마에 오른다. 대권주자로까지 떠오른 어느 자치단체장도, 자신의 휘하 여직원을 소유물처럼 다루다 하루아침에 나락으로 떨어졌다.

군에서도 성추행·성폭행 사건이 꼬리를 물고 일어난다. 상관이 부하 여군을 성추행·성폭행하여 죽음으로 내몰았다. 가해자 자신도 나락으로 떨어졌다. 어떤 가해자는 조사를 받으러 불려 다니다가 수감 시설에서 스스로 목숨을 끊었다. 이처럼 그릇된 소유욕은 타인도 죽이고 자신도 파멸에 이르게 한다.

또 어떤 남자들은 여자 친구를 자신의 소유물 취급하는 것 같다. 심심찮게 데이트 폭력사건, 데이트 살인사건이 터진다. 여자 친구를 소유물로 생각하기 때문에 손에 쥐고 떡 주무르듯 하려고 한다. 여기서 사고가 일어난다. 남자 친구에게 맞아 죽은 고 황예진 양 사건도, 알고 보면 남자 친구의 지나친 '소유욕'에서 빚어진 참극이 아닐까?

아는 집 냉장고 냉동실에는 유통 기간이 한참 지난 소고기, 보리굴비, 옥돔 등이 방치돼 있다. 소유만 했지 도무지 먹을 줄을 모른다. 요즘 도시, 농촌 할 것 없이 어느 집이나 대부분 냉장고가 서너

개는 있는 것 같다. 냉장실, 냉동실에 온갖 먹을거리가 미어터진다. 어느 집에 가 보면, 말라비틀어진 돼지고기, 변질된 생선, 시들어 빠진 야채, 시어 터진 김치가 가득하다.

어느 새댁이 분리 수거통에 '신선한' 묵은 김치를 몽땅 내다 버렸다. 묵은 김치의 진한 '향기'가 코를 자극하자, 순간 군침이 돌았다. 그리고 아깝다는 생각이 들었다. 작년 김장철에 아마 시어머니나 친정어머니가 애써 담가 준 김치일 것이다. 신 김치를 무척이나 좋아하는 나로서는 순간적으로 버린 김치를 주워 담아 가져오고 싶은 충동이 일었다.

큰 한옥을 소유한 사람은 집의 노예가 돼 버렸다. 여비서를 소유물로 여겼던 어느 전직 도지사는 옥중에서 통한의 눈물을 흘렸다. 젊어서 형수 몰래 첩을 소유했던 늙은 사촌 형은, 그 이후 형수 앞에 설설 기는 공처가가 되었다. 더 많이 가지려고 직장도 그만두고 주식에 매진했던 어느 젊은 가장은 한강다리를 배회한다. 노부부는 산불로, 쌓아 둔 돈이 타서 절규한다.

보일러실에 고이 넣어 둔 아까운 팥이 거무스레하게 변질돼 '눈물을 머금고' 텃밭에 내다 버렸다. 돈이고 쌀이고 팥이고 간에 묵혀 두면 썩는다. 소유하려만 하지 말고 조금씩이라도 나눠 주자.

돈의 두 얼굴

돈과 명예욕

어느 날, TV를 보니 온종일 전두환(1931~2021) 전 대통령 사망 소식이 화면을 장식한다. 그는 90세를 일기로 유취만년(遺臭萬年)의 파란만장한 삶을 마감했다. 평론가들은 그가 광주민주화운동 유가족들에게 사과 한마디 없이 죽었다고 일제히 비판하고 나섰다.

원래 대통령이 죽으면 서거, 타계 또는 별세라는 표현을 써야 마땅하나, '전두환 씨 사망!'이라고 격하하였다. 한때 나는 새도 떨어 뜨릴 정도로 기세가 대단한 인물이 치욕스런 인물의 대명사가 되었다. 인생 후반부를 불명예스럽게 살다가, 불명예스럽게 갔다.

오늘날 우리나라 사람들도 돈과 명예에 목숨을 거는 것 같다. 명예가 있으면 돈이 따라오기 마련이다. 돈과 명예는 어찌 보면 한 몸인지도 모른다. 국회의원, 광복회장, 대한노인회장, 재향군인회장, 중소기업중앙회장, 대학총장에게 돈 한 푼 안 주고, 무보수 명예직으로 일하라고 한다면 누가 선뜻 나서려고 하겠는가!

심지어는 마을을 위해 봉사해야 할 시골 이장들도 월 30만 원의 기본 수당이 적다며, '월급'을 올려 달라고 투덜거린다. 구의원, 시의원들은 한술 더 떠 유급 보좌관이 필요하다고 아우성이다. 말을 타니 마부가 필요한 모양이다. 지금도 돈만 있으면 누구나 명문대학 최고경영자 과정을 이수할 수 있다. 명예란 말 자체는 아름답지만, 여기에 욕심이 들어가면 한없이 추해진다.

몇 해 전 뉴스에 나온 내용이다. 어느 신학대학 총장이 2억 원을 들고 대학 이사장 문을 두드렸다. 권위와 명예의 상징인, 근엄한 대학 총장도 전권을 휘두르는 이사장 앞에서는 파리 목숨인 것 같다. 뇌물을 들고 가서 파리처럼 두 손 들고 싹싹 빌며, 임기를 한 번 더 연장해 달라고 애걸복걸하였다. 그러나 보기 좋게 거절당했고, 그만 이 소식이 언론에 퍼지고 만 것이다.

돈으로 명예를 사려다 보기 좋게 망신당했다. 거룩하신 신학대학 총장님이 하루아침에 뇌물공여범이 되고 말았다. 자신이 힘들게 쌓아 올린 명예에 스스로 먹칠을 한 것이다. 지나친 명예욕이 화를 불렀다. 명예욕도 일종의 탐욕이다. 명예를 취하려다 불명예의 나락으로 떨어진 사람들이 어디 모 신학대학 총장 한 사람뿐이겠는가!

한때 '미투 운동'이 들불처럼 번져 나갔다. 매년 노벨상 후보 반열에 올랐던 원로 시인도 성추행자로 몰려 자취를 감추었다. 추앙받던 '대시인'이 이 지경에 이르렀으니, 그의 인생은 살았어도 죽은 것이나 다름없다. 자업자득이요, 교만이 극에 달한 자의 업보가 아닐까?

잠룡의 하나였던 도지사도 감옥에 갇혔다. 극단적인 선택을 한 서울시장은 죽어서도 오명을 벗지 못하게 됐다. 저명한 시민운동가 출신이 명예를 잃었으니 모든 것을 잃은 것이다. 지금도 그가 여비서에게 보냈던 은밀한 문자가 성추행을 폭로하는 신간 도서에 수록돼 떠돈다고 한다.

인기 배우 겸 청주의 모 대학 연극학과 교수였던 조 모 씨도 학생들에 의해 성추행범으로 몰리자, 결국 자살을 택하였다. 유명 인사가 명예를 잃으면 이 사회에서 더 이상 발붙일 곳이 없다. 명예는 체면이요, 얼굴이다. 얼굴을 들고 다닐 수 없기 때문에 죽음을 택한 것이다.

진급을 미끼로 불량한 상사가 돈을 수차례 요구하자, 의연하게 거부하고 자연으로 돌아간 사람도 있다. 이 사람은 깍두기 머리에 험상궂은 얼굴이지만, 마음씨만은 새색시처럼 곱다. 그의 결심이 확고하다.

"에이! 돈 갖다 바치면서까지 진급하면 뭐 해! 돈하고 계급장하고 바꾸고 싶지 않아!"

어느 해 정월 초, 한 부부가 돈뭉치를 싸 들고, 뇌물을 요구한 상사의 집을 배회하였다. 가는 날이 장날이라고 부재중이었다. 불안한 마음을 억누르며 다음 날 또 찾아갔다. 또 집에 없었다. 그 자리에서 이 부부는 두 주먹 불끈 쥐며 다짐하였다.

"여보! 우리 다시는 이런 추잡스런 짓을 하지 맙시다."

오래전, 내게 털어놓은 양심적인 고백이다. 남편이 크게 출세는 못 했지만, 지금 이들 부부는 유유자적하게, 행복하게 살고 있다.

지나치게 출세하면 장대 끝에 서 있는 것 같아 매우 위험하다. 출세의 끝은 허무하다. 망명길에 오르고, 비명에 가고, 백담사에 유배되고, 감옥에 갇혔던 전직 대통령들의 예가 이를 잘 말해 준다.

우리는 익명·무명이 얼마나 평안하고 자유로운지 모른다. 유명하면 반드시 유명세를 치러야 한다. 유명한 사람들은 종종 얼굴에 밀가루 세례를 받거나 날계란을 뒤집어쓴다. 명예와 치욕은 동전의 앞뒷면과도 같다. 명예가 곧 치욕을 부른다.

승진하면 봉급도 오르고 명예와 부귀영화를 누린다. 경찰은 총경, 경무관이 되려 하고, 군인은 대령, 장군이 되려 하며, 공무원은 국장, 장·차관에 오르려 한다. 어느 전직 농협 직원은 조합장이 되려고 과수원, 전답을 팔아 치웠다. 회사원은 이사가 되고자 사력을 다한다.

시간 강사도 전임강사, 조교수, 부교수를 거쳐 정교수 되기를 꿈꾼다. 어느 평교수는 대학 총장이 되려고 안간힘을 다한다. 어느 육군 대장은 육군참모총장이 되지 못했다고 밤새 통음(痛飮)하며 통곡했다고 한다. 이처럼 인간의 탐욕은 끝이 없는가 보다.

언젠가 시골에 갔더니, 팔순이 넘은 사촌 누님이 갓 지방 사립대 전임강사가 된 막내아들을 앉혀 놓고 이렇게 말한다.

"너는 언제쯤 대학총장이 되냐? 우리 아들 대학 총장 문제없지?"

자식을 향한 노모의 명예욕이 끝이 없다. 자식이 대학 총장의 모자를 쓰면, 자신은 대학 총장의 어미라는 황금 면류관을 쓰기 때문이다.

교수는 만 65세까지 대학에 머물다 정년 퇴임을 하고는, 명예교수라는 이름으로 죽기까지 대학을 떠나지 않는다. 추한 모습일지 아름다운 모습일지 잘 모르겠다. 인간의 명예욕은 채워도 채워도 채워지지 않는 것 같다.

장·차관, 검찰총장, 합참의장, 참모총장, 경찰청장까지 올라 누릴 것 다 누리고 나면 곧장 여의도로 발길을 돌린다. 기어코 국회의 원 배지를 달아야 직성이 풀린다. 시장, 도지사에 출마한다. 공관병사와 관련돼 구설에 올랐던, 어느 퇴역 육군대장은 대권에 도전하다 중도에 포기하였다. 명예로운 자리에 돈이 따라붙지 않는다면 왜 그토록 그 자리를 탐내겠는가?

명예와 어울리는 단어들이 많다. 명예 박사, 명예 교수, 명예 총장, 명예 총재, 명예 대사, 명예 위원, 명예 진급, 명예 퇴직….

위에 나열한 단어들은 명예라는 글자가 붙기는 했으나 유명무실하다. 그래도 체면과 명예를 먹고 사는 국민이라 그런지 '명예' 타이틀이 붙으면 좋기는 좋은가 보다.

돈 되는 일이라면

104세의 철학자 김형석 교수는 젊은 시절, 부모·형제·처자식의 생계를 책임져야 했다. 가장으로서 짊어져야 할 삶의 무게가 너무나 버거웠다. 어느 학교로 가야 할지, 어느 대학으로 옮겨야 할지, 어느 곳에 가서 강연을 해야 할지, 늘 아내에게 조언을 구했다. 돈에 쪼들린 그의 아내는 단호하게 이렇게 말했다.

"여보! 뒤도 돌아보지 말고 무조건 돈 많이 주는 곳으로 가세요."

그의 저서 《백년을 살아보니》에 나오는 이야기다. 그의 말처럼 '부끄러운 고백'이 아닐 수 없다. 공자나 장자 선생이 이를 알았다면, '못난 선비'라고 회초리를 들고 일갈했을 것이다. '철학 교수도 먹고살아야지.' 너그럽게 생각할 수도 있지만, 왠지 씁쓸하다.

오래전에 어느 양심적인 변호사가 일간지에 기고한 칼럼을 읽었다. 정확한 제목은 생각나지 않지만, 돈에 눈먼 일부 동료 변호사들을 비판한 내용이다. 그는 일부 악덕 변호사들을 향해, 돈에 눈이 멀어 악마에게 영혼을 저당 잡힌 '법률상인'이라고 꾸짖었다.

얼마 전 민정수석을 지낸 모 씨가 법정 구속됐다. 전직 대법관 한 사람과 특검으로 이름을 떨친 박 모 변호사도 법의 심판을 기다리는 처지가 됐다. 얼마나 많은 법조인들이 쇠고랑을 찰지 아무도 모른다.

판사·검사·변호사·국회의원뿐만이 아니다. 돈 되는 일이라면 물불 안 가리는 저명한 인사들의 일탈이 도를 넘어섰다. 제자의 연구비를 가로채는 교수의 얘기도 종종 들린다. 후안무치한 교수에게서 제자들이 무엇을 배울 것인가. '교수 상인', '교수 브로커'라 불려도 할 말이 없을 것이다.

먹고살기 위해서라지만 해야 할 일이 있고, 해서는 안 될 일이 있다. 어느 절도범은 길가에 말리려고 널어놓은 고추도 훔치고 쌀도 훔친다. 6년 또는 10년간 공을 들여 기른 인삼이나 장뇌삼을 훔친다. 어느 도둑은 화천군 심마니 밭에서 장뇌삼을 훔치려다 박아 놓은 대못이 발등을 관통하였다. 분노한 이 도둑은, 억울하다며 법에 호소하였으나 패소하였다. 장뇌삼에 잠시 눈이 어두워 평생을 불구자로 살아가야 한다.

　몰래 냉동실에 들어가 시신의 입을 벌리고, 펜치로 금니를 뽑아가는 장례지도사도 있다. 그는 금니 때문에 활동 공간이 시체 냉동실에서 그보다 더 추운 감방으로 바뀌었다. 죽기 전에 미리 금니를 **빼놓고** 죽어야 할 것 같다.

　돈은 때로는 악마의 얼굴로 둔갑한다. 어린 조카가 삼촌의 서랍에서 꾸준히 돈을 훔친다. 고등학생 아들이 아버지 지갑에서 태연하게 돈을 꺼내 간다. 옆 방 주인집 두 어린 자매가, 떡볶이 사 먹으려고 세입자 아저씨의 동전을 줄기차게 훔친다.

　돈이 되는 일이라면 납치도, 살인도 서슴지 않는다. 돈이 때로는 패륜을 부른다. 돈을 마련하기 위해서는 천륜도 저버린다. 다음은 주요 일간 신문에 난 기사의 일부다.

　　아버지가 변호사이고 아들이 아버지 사무실에서 사무장으로
　　일했다. 아들은 아버지 몰래 수없이 돈을 **빼돌리다** 마침내 들
　　통이 나 버렸다. 급기야 지하 주차장으로 아버지를 유인하여
　　벽돌로 머리를 내리쳤다. 돈 때문에 부친을 죽이기에 이른 것
　　이다.

'젊어서 고생은 사서도 한다.'는 말에 힘입어, 용돈도 벌 겸 몇 가지 일용직을 경험해 보았다. 도로에 볼록 거울 설치, 김치 공장에서 무 나르고 배추 건지기, 도로 분리대 설치, 도로 청소, 쇠파이프 녹 제거, 콘크리트 타설 작업, 지하 아파트 누수 공사, 미장이 보조, 옥상으로 시멘트 나르기, 소나무 심기 등등 골고루 밑바닥 체험을 해 본 것이다. 동네에 사는 중국 동포의 권유로 붕어빵 장사, 호떡 장사도 할 기회가 몇 번 있었으나 만류가 하도 심해 시도도 못 하고 말았다.

대리운전 기사와 중고차 판매도 해 보고 싶었다. 대리운전은 술 취한 차 주인이 뒷자리에서 욕하고 뒤통수도 얻어맞을 각오도 해야 된다는 말에 그만두었다. 중고차 판매직은 기본 자금도 필요하고 그 바닥에서 닳고 닳은 사람만 버텨 낼 수 있다는 말을 듣고 아쉽지만 발길을 돌렸다.

어느 날, 동료 '노가다'가 달콤한 말로 유혹한다. 공동묘지에서 유골 수습하는 일을 하면 더 많은 돈을 벌 수 있다는 것이다. 호기심이 일어 해골을 수습하고 용돈도 벌어 보려고 하였으나, '철없는 아낙'의 반대에 부딪혀 실천에 옮기지는 못했다. 오랜 시간이 지난 지금도 그의 말이 종종 귓가에 맴돈다.

"형! 날 따라다니면 돈을 많이 벌 수 있어. 내일 아침부터 날 따라와. 공동묘지에 가서 해골을 수습하는 일인데 땅도 내가 파고 다 할

돈의 두 얼굴

테니, 형님은 나만 따라다녀. 빗자루 들고 묘지 청소만 하면 돼."

그 말을 듣고 잠시나마 이런 생각이 들었다.

"대학병원 시체 보관실에서 피 묻은 시체도 닦는다는데, 경험 삼아 한번 해 볼걸."

사기, 도둑질 빼고 무엇이든지 다 해 보라 하지 않던가. 그가 지금도 유골 수습하는 일을 하고 있을지 궁금하다. 가끔 눈이 큰 일용직 현씨 성을 가진 그 친구가 생각난다.

사극 배우로 명연기를 펼치다 인기가 시들자 자취를 감춘 한 미남 배우가 훗날 이렇게 고백한다.

"배달, 목공, 리모델링 보조, 건축현장 잡부 등 안 해 본 일이 거의 없어요. 당장 수입은 없고 먹고살아야 하잖아요."

돈이 되는 일, 돈을 벌기 위한 직업도 다양하다. 전직 필라테스 강사이자 지금은 고물을 주워 생계를 유지하는 여자의 얘기가 TV 화면에 펼쳐진다. 땀을 흘리며 열심히 살아가는 모습이 대견스럽다.

"고물 수거 일을 우습게 보면 안 돼요. 땀을 좀 흘리면 제법 돈이 들어와요. 보람 있어요. 20대에 돈을 헤프게 다 써 버렸으니 이제 정신 좀 차려야죠."

그녀의 표정이 밝아서 좋다.

자주 접촉했던 어느 교육기관의 공무원은 아들을 가수로 키우기 위해 봉급을 다 털어 넣었다. 대출도 받고, 마이너스 통장도 한도를 가득 채웠다. 야간에는 택배회사에 가서 밤새도록 차에서 물건 내리는 일을 하였다. 투 잡, 쓰리 잡을 하는 모양이다.

사무실에서 자고, 화장실에서 속옷도 빨아 가며 '노숙자'처럼 지낸다. 그래도 표정은 밝다. 자식을 위해 돈이 되는 일이라면 물불을 가리지 않는다. 월급 때마다 구내 우체국에 가서 자식의 통장 계좌로 돈을 넣기 바쁘다. 아들의 성공을 위해 밑 빠진 독에 물 붓듯 돈을 부어 넣는다. 어느 날, 퇴근 무렵 이렇게 말한다.

"대학병원에서 피 묻은 시체를 닦아 주면 돈을 많이 준다고 해서 아르바이트하러 가는 길이야."

이 말을 남기고, 그는 신촌 소재 모 대학병원으로 발걸음을 재촉한다. 그는 돈이 되는 일이라면, 이보다 더한 일도 마다하지 않을 것이다. 도둑질만 아니라면….

왜 사기를 당하는가?

거듭된 투자 실패를 딛고 오뚜기처럼 일어선, 투자가 브라운 스톤
은 말한다.

> "모든 사기에는 단기간에 돈을 벌게 해 주겠다는 공통점이 있
> 다. '여기에다 투자하면 대박난다.'는 말만 덧붙이면 이상하게
> 도 사람들이 속고 만다. 이런 사기가 가능한 것은 모두 짧은 시
> 간에 일확천금을 꿈꾸는 인간의 근시안적 본능 때문이다." (브
> 라운 스톤, 《내 안의 부자를 깨워라》, 112쪽)

앞서 얘기한 스노우폭스 그룹 회장 김승호는 《돈의 속성》에서 미
국에서 사기당한 얘기를 생생하게 털어놓았다. 그는 30대 초반 철모

르고 주식시장에 뛰어들었다. 설득력과 언변술이 뛰어난 사기꾼 한 놈에게, 무려 4차례나 지속적으로 사기를 당했다. 급하게 부자가 되려다 10년 이민 생활 동안 번 전 재산을 날린 것이다. 이 모든 것이 자신의 탐욕과 무지에서 비롯됐다고 고백하였다.

사기꾼도 천태만상이다. 고속버스 정류장 앞에서 차비가 부족하다고 천 원만 빌려 달라고 읍소하는 사람, 봉사단체에 가입하여 30만 원, 50만 원, 70만 원을 상습적으로 빌려 쓰고 안 갚는 사람도 사기꾼의 범주에 속한다. 뻔히 아는 처지에 죽일 수도 살릴 수도 없는 노릇이다.

사기꾼에게 한번 걸리면 당하는 줄도 모르고 당한다. 이마에 사기꾼이라고 쓰여 있지 않은 이상 분간하기도 어렵다. 천사의 탈을 쓰고 나타나니 순진한 바보들은 '3초' 만에 당하고 만다. '3초'면 속일 수 있다고 하여, 어떤 순진한 사람에게는 '3초짜리'란 별명이 붙었다. 지금의 나는 과연 '몇 초짜리'일지 궁금하다.

장영자에게 한번 걸려들면 돈을 안 빌려줄 수 없는 것 같다. 최근에는 주로 불교계 인사와 스님들이 많이 걸려들었다. 미모에, 화려한 언변과 탁월한 사기 수법에, 도 닦는 수행자도 그만 녹고 만 것이다.

"미인계에 안 넘어간 사람은 단 한 명도 없어요. 100% 넘어

돈의 두 얼굴

가요."

전직 국가정보원 간부 출신이 강연회 석상에서 들려준 말이다. 조희팔, 주수도를 비롯한 다단계 사기범, 기획부동산 사기범, 보이스피싱 사기범 등 모든 사기범들은 번쩍번쩍한 구두, 단정한 용모, 거침없는 말솜씨, 뛰어난 유머 감각, 호소력과 매력, 자신감, 집요함을 다 갖추고 있다. 사기꾼은 진돗개처럼 한번 물면 절대 놓지 않는다.

어느 미모의 기획부동산 사기꾼은 말이 청산유수다. 얼굴도 번지르르하고 사교성 또한 탁월하다. 봉사단체에 가입하여 열심히 활동하며, 얼뜨기 신입 회원을 유혹한다. 먼저 자신이 부자라는 사실을 은근히 과시한다. 기획부동산 이사 명함도 건넨다. 겉보기에 여유로움이 넘친다.

때로는 죽은 배우자 얘기를 꺼내 울먹거리며 '감성팔이'를 한다. 자신이 쓴 시집이라며 한 권 건넨다. 돈 많이 벌어서 영어 전문학교도 세우고 좋은 일을 많이 할 것이라고 떠든다. 친해지려고 맛있는 것도 사 주며, 선물도 주고 푼돈을 마구 쓴다. 안동찜닭도 사 주고, 영화표를 구해 와 같이 영화도 본다. 그러다가 결국 마각을 드러낸다. 백 번 찍어 안 넘어가면 천 번, 만 번이라도 찍는다.

"언니! 대학교 앞에 아파트 천 채가 들어선대요. 빨리 계약금
부터 걸어 놔요. 단돈 5백만 원도 없어요? 우선 계약금부터 집

어넣으세요. 놓치면 후회해요. 아무에게도 얘기하지 마세요. 특별히 언니에게만 제일 먼저 얘기하는 거예요."

기획 부동산 사기에 간혹 '3초짜리' 멍청이들이 걸려든다. 어떤 착한 바보는 현지답사도 안 해 보고, 바닷가 썰물 때만 드러나는 땅, 낭떠러지 위 경사진 땅, 바다가 내려다보이는 무덤 앞 습지, 저수지 위 가파른 땅, 길도 없는 맹지를 덥석 물고 만다.

내일 폐업할 치과의사, 성형외과 의사, 헬스클럽 사장 등이 하루 전까지 열심히 일하는 척하며, 고객의 돈을 빼돌려 자취를 감추기도 한다. 어떤 의사는 한 달만 쓰고 준다며, 다급하게 500만 원만 빌려 달라고 한다. 자신의 의료 장비만 팔아도 수억 원이 된다며 안심시킨다. 그리고 이내 잠적한다. 이 늙은 의사는 사기꾼인지, 궁지에 몰려서 그런지 지금도 잘 모르겠다.

어떤 사기꾼은 불순한 의도를 가지고 접근한다. 친해지기까지 6개월이고 6년이고 10년이고 공을 들인다. 인삼, 장뇌삼 기르듯 긴 세월 신뢰를 쌓는다. 세월이 흐르고 신뢰가 쌓이면서 저절로 '사기의 앞길'이 활짝 펼쳐진다.

이혼하고 궁색해진 어느 탤런트는, 설상가상으로 아는 언니에게 5천만 원을 떼였다. 6개월만 사용하고 준다는 말만 믿고 빌려줬다. 석 달간 이자를 주더니 그만 자취를 감추었다. 자신이 어려운 형편에 몰렸는데도 차마 거절하지 못하고 빌려준 것이 화근이 됐다. 어느 날 자살하려고 자신의 집 목욕탕 문고리에 목을 매달았다. 늘 감시하던 딸이 발견하고 엄마를 살려 냈다. 엄마가 극단적인 선택을 할까 봐, 딸은 할 일도 못하고 어머니 뒤를 졸졸 따라다니며 감시한다.

사기당하는 사람이 더 문제다. 이들은 무심코 말한다.

"평생 속고만 살았어?"

수없이 사기를 당하고도 가물치, 뱀장어, 꺽지, 쏘가리, 빠가사리처럼 무조건 덥석 물고 나서야 속은 것을 알아차린다. 탐욕과 무지, 교만이 불러온 결과다. 사기를 당해 더 이상 피눈물을 흘리는 사람이 없도록, 생각나는 대로 몇 가지 적어 본다.

1. 고양이에게 생선을 맡기지 마라. 믿는 도끼에 발등 찍힌다.

딸이 어머니 통장에 둔 1억을 사취하였다. 어머니는 통장에 찍힌 1억 숫자만 돋보기로 확인하고, '도둑고양이' 딸을 맹신하였다. 통장을 정리한 뒤, 한 푼도 남아 있지 않은 것을 확인한 어머니는 이후 화병으로 죽었다.

마트 주인과 20년 이상 같이 일했던 여 종업원이, 남편과 함께 창고에 들어가 차떼기로 물건을 빼돌리다 발각됐다. 믿는 도끼에 발등이 제대로 찍혔다. 이 돈으로 사기꾼 부부는 자식을 미국에 유학 보냈다.

아들도 딸도 아내도, 조카도, 형도 동생도 그 누구도 믿지 마라. 이들 중에 혹시 '도둑고양이'가 있을지도 모른다. 직관에서 나온 자신의 분별력을 믿어라. 자신을 천억 대 상속자라고 속인 사이비 수산업자에게 거액을 뜯긴 모 유력 정치인과 그의 형을 보라. 상처받지 않으려거든, 하늘에 기도하고 지혜를 구하라!

2. 자나 깨나 사람 조심, 의심하고 또 의심하라.

경리직원이었던 '사랑스런' 조카딸이 장부를 허위로 기재하고 수천만 원을 빼돌려 사치와 낭비를 일삼다 덜미가 잡혔다. 그녀의 팔에는 차고 있는 고급 손목시계 외에 묵직한 팔찌(쇠고랑)가 하나 더 추가됐다. 과신, 맹신은 금물이다. "속고만 살았냐?"라고 잘난 척하다가 피눈물을 흘린다.

3. 급히 먹는 밥이 체한다.

급하게 부자가 되려 하지 마라. 급하게 돈 벌려다, '사기꾼의 덫'에 걸려 패가망신한 사람이 부지기수다. 탐욕을 물리쳐라.

4. '철없는 아내'도 의심하라. 철부지 남편도 감시하라. 서로 확인하고, 서로 예의 주시하라.

둘 중 한 사람만 사기를 당해도 부부간에 금이 간다. 한 집에 살아도 서로 원수가 된다. 가족이 흩어지는 고통을 감내해야 한다. 다 잘 먹고 잘 살아 보자고, '의심'하고 '감시'하는 것이니, 존중하고 이해하고 배려하며, 부부 싸움하지 말기를 바란다.

5. '파리 떼'를 물리쳐라.

사업이 번창하면 온갖 인간 군상이 덤벼든다. 사기꾼은 천사의 미소를 띠며 다가온다. 자원봉사자 뺨치게 알아서 척척 도와준다. 똥인지 된장인지 분별하는 능력을 갖춰라.

6. '순수하다'라는 말을 입 밖에 꺼내지 마라.

이 땅에 순수한 사람은 거의 없다. "사람 참 순수하다."는 말을 곧이곧대로 듣지 마라. 등신, 머저리, 바보, 멍청이와 같다는 말이다. 순수하다는 인상을 풍기면, 사기꾼에게 '덜 떨어진 놈!', '바보 같은 년!', '3초짜리'라는 이미지를 심어 준다. 사기꾼의 표적이 되기 쉽다.

7. 친구, 형제자매, 친인척, 선후배, 동료, 지인, 초등학교 동창 등 아무도 믿지 마라.

이들도 다급하면 사기꾼으로 돌변한다. 모든 사기는 가까운 사람에게서 시작된다. 돈이 거짓말하지, 친구가 거짓말하지 않는다. 이들 흉허물 없는 사람들에게 당한 사람이 어디 한둘이랴!

8. 선물인지, 사기꾼이 발라 놓은 '쥐약(뇌물)'인지 늘 확인하라.

독수리는 농약 바른 콩을 먹고 죽고, 쥐는 쥐약을 먹고 죽고, 사람은 '뇌물'을 먹고 죽는다. 어느 '깐깐한' 공직자가 사기꾼이 건넨 쥐약(장뇌삼 50만 원어치)을 먹고, 이 사실이 공개되자 분을 못 참고 그만 집안에서 목을 맸다. 때마침 외출하고 돌아온 아내가 발견해 간신히 살려 냈다. 때에 따라 굴비 열 마리도, 진돗개 새끼 한 마리도 뇌물로 돌변한다.

9. 사기꾼은 한 놈만 팬다.

사기꾼은 절박한 처지에 몰린 사람을 감언이설로 속여, 덫에서 빠져나오지 못하게 만든다. 한 놈에게 빨대를 꽂고 계속 빨고 또 빤다. 결국 파산에 이르고 만다. 한 번 속았으면 미련 갖지 말고, 훌훌 털고 빨리 빠져나와라. 재기불능의 상태로 몰릴 수 있기 때문이다. 어떤 사람은 친동생에게 그동안 얼마나 많이 속아 왔는지 이렇게 말한다.

"그년은 사기꾼이야!"

노파심에서 다시 한번 말한다. 가장 가까운 사람을 조심하라.

망하는 지름길

먼저 부끄러운 고백을 하나 하려고 한다. 주식의 '주' 자도 모르는 사람이 '악마의 손'에 이끌려 뒤늦게 악성 도박과도 같다는 '주식 선물'에 손을 댔다. 난해한 주식 선물 관련 전문용어들을 암기하여 주식 선물거래 자격증도 땄다.

이 무렵 어느 도서관에서 저자 초빙 강연 요청을 받았는데, 주식 선물거래에 눈이 뒤집혀 그만 거절하고 말았다. 하루에도 수백만 원이 오가는데 30만 원, 50만 원 정도의 강연료가 눈에 들어올 리 없었다. 《논어》를 읽고 또 읽어 가며 그토록 사이비(似而非), 속물근성을 비판해 왔는데, 하루아침에 사이비·속물로 변질되고 말았다.

하루에 수백만 원을 잃기도 하고 따기도 하였다. '투전판'에 단단히 발을 들여놓은 것이다. 벌 때는 두 배의 기쁨, 잃을 때는 목을 조르듯 네 배의 고통이 교차하였다. 주식 선물거래는 '고위험·고수익'이다. 주식 선물거래는 알고 보니, 고도의 경험과 식견을 갖춘 전문가들도 고전하여 물러나고야 마는 전형적인 도박과 별반 다르지 않았다.

사실, 면식이 있는 어느 호텔 여사장은 주식 선물거래로 하루에 오천만 원도 벌었다. 주식을 낙으로 삼고 살아가는 이 여사장은 1년 365일 주식에 푹 빠져 산다. 휴일에도 주식투자 설명회에 참석하고 주식 전문가들과 교제를 하러 이곳저곳 다니느라 분주하다.

> "네 시작은 미약하나, 네 나중은 심히 창대하리라(욥기, 8장
> 7절)."

시작은 미약하였으나 통장 잔고가 조금씩 줄기 시작하더니, 결국 '창대하게' 망하였다. 보기 좋게 깡통을 차고 말았다. 수십 년간 들어온 보험을 해약하고, 십 년도 더 지난 주택 청약 저축을 해약했다. '거금'을 날리고 나서야 정신이 번쩍 들었다. 불과 오륙 개월 만에 벌어진 일이다.

더 버틸 자금이 없어 눈알을 파내고 손목을 절단하는 심정으로, 늘그막에 배운 처음이자 마지막이었던 짧은 주식 인생을 청산하였다. 다행히도 돈에 대해서만큼은 많든 적든 개의치 않았고, 낙천적이었던 생각 덕분에 인고의 세월도 별 탈 없이 잘 지나갔다. 그러나

인생 공부하느라 너무나 비싼 대가를 톡톡히 치렀다.

'깡통 찼다!'
'쫄딱 망했다!'
'폭삭 망했다!'

살다 보면 이런 말을 종종 듣게 된다. 심지어 '깡통'을 12개까지 찬 사람도 있다고 들었다. 이 말은 주식으로 12번 거덜 났다는 얘기다. 그 고통이 얼마나 심했을지 짐작하고도 남는다. 남의 일 같지 않다. 이 지경에 이르면 살아도 산 것이 아니다. 식물인간 그 자체다. 온종일 죽음의 그림자가 따라다닌다. 어떤 사람들은 고통 속에 신음하느니, '차라리 죽는 것이 낫다(生不如死).'고 절규한다.

인생은 험난한 가시밭길, 험한 파도의 연속이다. 인생 여정 굽이굽이마다 늪, 수렁, 지뢰, 함정, 덫이 놓여 있다. 곳곳에 지네, 거머리, 진드기, 능구렁이, 살모사 같은 잔악하고 교활한 인간쓰레기들이 널려 있다.

백 번 천 번 조심해야 할 판국에 무덤 파는 일을 자초하는 사람들이 많다. '스텝'이 꼬인다는 말이 있다. 첫걸음에 미끄러져, 결국 늪에 빠져 죽는다. 누구나 행복한 삶을 꿈꾼다. 그러나 망하는 것은 한순간이다. 망하는 지름길은 가까이에 있다. 패가망신할 몇 가지 행위를 적어 본다.

1. 빚보증 서기

빚보증은 절대 서지 마라. 발 뻗고 자려거든 이 말을 명심하라. 절실한 처지에 놓인 친인척·친구가 보증을 서 달라고 하면 거절하기 힘들다. 그러나 물에 빠진 사람 구하려다 같이 물에 빠져 죽는다. 일부 연예인이 빚보증을 잘못 선 탓에, 거액의 빚을 지고 나락으로 굴러떨어졌다. 귀도 얇고, 거절하지 못한 천성이 화를 불러들였다.

친구에게 들은 얘기다. 빚보증으로 고통을 겪다 죽어 간 어느 가장이 남긴 말이라고 한다.

"눈에 흙이 들어와도 빚보증을 서지 마라."

거절하지 못하는 연약한 마음이 화를 불러들인다. 거절하기가 힘들다면《내가 행복해지는 거절의 힘》등을 읽어 보아라. '권위적 관계에서의 거절의 기술', '대등적 관계에서의 거절의 기술' 등, 거절하는 요령 수십 가지가 들어 있다. 진정 행복해지고 싶은가? 무리한 부탁을 앞에 두고 고민하는가? 그러면 무 자르듯 단호히 거절하여라.

2. 동업

'동업은 부자지간에도 하지 말라.'고 했다. 동업의 어려움을 단적으로 표현한 말이다. 친구지간에 또는 선후배지간에 동업을 많이 한다. 결국 돈 때문에 우정과 의리에 금이 간다. 선의로 출발하였으나 얼굴을 붉히고 갈라서고야 만다. 심하면 난투극이 벌어진다. 칼부림이 일어난다. 이래서 경험에 의해, 누구나 동업을 발 벗고 만류하는 것이다.

아무리 말려도, 친구와 굳이 동업을 하겠다면 유태인에게서 다음의 지혜를 구하라.

- 배운 바가 없고, 기술이 없고 특기가 없는 자와는 동업하지 않는다.
- 의심하거나 불성실한 자와는 동업하지 않는다.
- 아첨하고 빌붙기 좋아하는 자와는 동업하지 않는다.
- 생각이 고리타분하고 꽉 막혀, 시대의 흐름을 따르지 않고 제 식대로 밀어붙이는 자와는 동업하지 않는다. (시명(西蒙) 지음, 정주은 역, 《유태인 부자들의 돈 버는 지혜》, 244쪽)

3. 빚 끌어 쓰기

빚은 한번 늘면 걷잡을 수 없다. 곧 눈덩이처럼 불어난다. '영혼까지 끌어서' 집을 사지는 말자. 이것은 투자가 아니라 투기다. 몇 해 전부터 '영끌'이라는 말이 유행하였다. 강남에, 서울에, 수도권에 집을 마련하려고 혈안이 된 젊은이들을 풍자한 말이다. 거품이 꺼지면 막차를 탄 사람들은 한 방에 '훅' 간다. '영끌족'은 앞날이 아슬아슬하다. 하루도 편할 날이 없다. 뒤늦게 영끌의 대열에 섰다가 자칫하면 돌아오지 않는 강을 건너게 된다.

빚내서 주식하지 말자. 특히 주식 선물은 무모한 도박이다. 곧 돈 놓고 돈 먹는 게임에 불과하다. 일부러 공포와 스릴을 즐길 필요가 없다. 빚내서 주식 선물에 손댔다간 망하는 지름길이다. 고수익의 달콤한 단타 유혹에 빠져 헤어날 수 없다. 주식 선물은 고도의 전문 영역이다. 애초에 교활한 금융운용가들이 개미가 수익을 낼 수 없는 구조로 설계하였다. 처자식과 생이별은 물론, 사망의 어두운 그림자가 아른거린다. 남은 얼마라도 건지고 하루속히 주식 선물의 덫에서 빠져나오라.

'외상이면 소도 잡는다.'고, 나랏빚을 우습게 아는 귀농인들이 있다. 정부에서 귀농인에게 최대 3억 7천 5백만 원까지 빌려준다고 한다. 도덕적으로 극에 달한 후안무치한 인간들이 종종 눈에 띈다. 귀촌인에게 들은 어떤 철면피한 인간을 떠올려 본다. 그는 아들 명의로 귀농 자금 3억을 빌렸다. 그리고 그 돈으로 좋은 차도 사고, 술집도 들락거리고, 읍내에 카페까지 차렸다. 통탄할 일이다. 자신의 주머닛돈이 소중하면, 나랏돈도 소중한 법이다.

4. 친구와 돈 거래하기

"아침에 눈을 뜨면, 제일 먼저 생각나는 자네는 좋은 친구야. 피 한 방울 섞이지 않은 우리 두 사람, 전생에 인연일 거야. 자식보다 자네가 좋고, 돈보다 자네가 좋아. 자네와 난 보약 같

은 친구야. 아~아~아! 사는 날까지 같이 가세. 보약 같은 친
구야.”

진시몬이 부른 〈보약 같은 친구〉의 앞부분이다. 친구란 소중하
다. 나이가 들어 갈수록 더욱 그렇다. 보약 같은 친구가 있는 사람
은 정말 행복하다.

그러나 돈 때문에 초등학교 친구와도 50년 우정에 금이 간다. 친
구 사이에 돈거래는 금물이다. 서운한 것은 잠시 잠깐이다. 친구를
아끼거든, 친구에게 빌리지도 말고 빌려주지도 말아라. ‘친구도 잃
고 돈도 잃는다.’는 말을 새겨들어라. 차마 거절하기 힘들거든, 능
력 범위 내에서 차라리 그냥 줘 버려라. 넓은 의미에서 가까운 선후
배, 가까운 지인도 친구의 범주에 든다. 이들과의 돈거래는 우정과
의리를 끊는 첩경이다.

이 밖에 노파심에서 몇 가지 덧붙인다.

- 자식에게 있는 돈, 없는 돈 미리 다 퍼 주고 통한의 세월을 보내지 마라.
- 형제·자매지간에 돈 거래하지 마라. 부득이 돈을 빌려줬더라도 골육
  간에 이자를 받는 것은 아주 몹쓸 짓이다. 잘못 풀리면 철천지원수로
  돌아선다.
- 부모 돈은 '남의 돈' 취급하라. 워런 버핏, 빌 게이츠 자녀에게서 배워라.

- 뇌물은 독약이다. 허다한 사람들이 '뇌물'을 먹고 매일 아파트 옥상을 서성인다.
- 도박장 근처에도 가지 마라. 화를 자초하지 말라. 망하는 지름길이다.
- 복권을 사지 마라. 복권 당첨된 자의 최후는 대부분 비참하다.
- 함부로 명의를 빌려주지 말라. 덤터기를 혼자 뒤집어쓴다. 단호히 거절하라.
- '금수저'를 부러워하지 마라. 창업주들은 대부분 흙수저들이다.
- 검은돈은 비록 적은 액수라도 아예 쳐다보지 마라. 중국에서 마약 운반하다 사형당한 어느 한국 청년을 기억하라.
- 타인 명의로 사업하지 말라. 중국에서 중국 동포 명의로 개업하다 망해, 현해탄에 몸을 던진 전직 고위 공무원을 잊지 마라.

불교의 교리를 빌리지 않더라도, 인간은 탐욕, 성냄, 어리석음(탐진치貪瞋痴) 등의 속성을 다 지녔다. 탐욕, 분노, 어리석음을 다스리지 못하면 파멸할 수밖에 없다. 옛 지식인들은 '신독(愼獨)'에 힘썼다. 국어사전에 신독이란 '홀로 있을 때에도 도리에 어그러짐이 없도록 몸가짐을 바로 하고 언행을 삼감'이라고 풀이하였다. 험난한 인생 여정을 아름답게 마무리하려면, 너 나 할 것 없이 일찍부터 신독에 힘써야 할 것이다. 거듭 말한다. 사나운 개를 조심하듯, 사람을 조심하라.

선물, 촌지(寸志) 그리고 뇌물

　선물과 뇌물을 칼로 무 자르듯 구분하기는 어렵다. 뇌물은 워낙 포괄적이고 모호하여 한두 마디로 정의하기가 쉽지 않다. 국어사전에는 "어떤 직위에 있는 사람을 매수해, 사사로운 일에 이용하기 위해 넌지시 건네는 부정한 돈이나 물건"이라 정의되어 있다.

　임용한, 김인호, 노혜경 3인이 저술한 《뇌물의 역사》에서는, 뇌물의 정의를 "자신의 필요를 가장 편한 방법으로 얻으려는 행위"라고 하였다. 이 설명만으론 무언가 부족하다. 액수와 규모에 관계없이, 음흉한 사람들이 부정한 마음가짐으로 이득을 노리고 주고받는 현금이나 물품은 다 뇌물이 아닐까 싶다.

　뇌물의 종류는 매우 다양하다. 어떤 이는 현금이나 금품을 건넨다. 어떤 사람은 식사 대접을 한다. 급기야는 룸살롱 접대, 별장 성

접대 등으로 이어진다. 앞의 〈소유욕, 탐욕〉에서 이미 언급한 바와 같이, 청말의 거상 호설암은 아끼는 애첩 아교(阿巧)를 지방 장관에게 상납하였다. 그 후 그는 탄탄대로를 달렸다. 호설암은 뇌물의 끝판왕이 아닐까?

청말 지식인이자 혁명가였던 이종오(李宗吾, 1879~1943)의 《후흑열전(厚黑列傳)》 가운데 〈후흑전습록〉에 보면, 관직을 구하는 6대 요령이 나온다. 물론 부패가 만연한 당시 세태를 풍자한 글이다. 첫 번째로 '공(空)'을 들었다. 즉, 관직을 구하는 사람은 책도 읽지 말고, 공부도 하지 말고 오직 관직을 구하는 데에만 전념하라고 하였다. 아울러 때를 기다리는 인내심을 가져야 한다고 하였다.

이 밖에 허풍, 아부, 공갈 협박, 권세가에 빌붙기, 뇌물 주기(送) 등을 제시하였다. 마지막 여섯 번째인 뇌물 주기가 눈길을 끈다. 뇌물 주기는 크게는 지폐뭉치나 은화를 보내는 것이고, 작게는 저녁을 대접하거나 한턱내는 것 등을 말하였다.

"돈이면 귀신도 부린다."

이런 속담이 있듯, '모든 길은 뇌물로 통한다.' 해도 과언이 아니다. 인간 사회에서 뇌물은 실로 가공할 만한 위력을 발휘한다. 뇌물로 고속승진도 하고, 돈과 권력과 명예를 움켜쥐기도 한다. 건설업자, 기업가는 떼돈을 벌기도 한다. 한때 교통경찰은 교통 위반자가 장화 속에 찔러 준 돈으로 집을 여러 채 샀다. 케케묵은 얘기다.

촌지(寸志)라는 일종의 '뇌물'이 성행하여 사회문제로 떠오른 적이 있었다. 그 시절, 일부 기자 · 경찰 · 교사들이 촌지에 길들여졌다. "주지도 말고 받지도 말자."라는 말과 함께 촌지라는 단어도 자취를 감추었다. 이제는 촌지 문화가 사라졌다고들 하나, '과연 그럴까?'라는 의구심이 든다.

뇌물의 마수에서 벗어나기란 참으로 어렵다. 선물을 가장한 뇌물은 더욱 그렇다. 오래전, 어떤 선배가 한 사람을 대동하고 내 근무처로 찾아와, 다정한 목소리로 내게 흰 봉투를 내밀며 말했다.

"아무 소리 말고 받아. 요즘엔 주는 놈도 별로 없어."

인사 청탁이 골자였다. 덩치 큰 선배가 팔을 비틀다시피 하며 막무가내로 내 바지 주머니에 마구 쑤셔 넣었다. 얼마 지난 후, 책 한 권을 사서 그 속에 편지와 문제의 두툼한 흰 봉투를 넣고 밀봉하여, 인편을 통해 되돌려 주었다. 그 후로 그 선배는 그 두꺼운 낯가죽으로 소 닭 보듯 날 대했다. 유사한 사례를 일일이 다 말해 무엇 하랴!

군수물자를 담당하는 어느 친구는 수시로 군대 보급물품을 빼돌렸다. 빼돌린 물품들은 동태며, 유류며, 심지어 축구공, 신발, 의류, 문구류에 이르기까지 다양하였다. 돈과 물품들을 상납한 덕에

20년 이상을 승승장구하였다. 뇌물 덕분에 높은 자리까지 승진한 그의 오만무례함이 하늘을 찌를 듯하였다. 결국은 꼬리가 길어 감옥에 갇혔다. 그리고 그가 억울해하며 하는 말이 가관이다.

"왜 나만 갖고 그래."

어디서 많이 들어 본 말이다. 그 친구는 감옥에서 인생 공부를 많이 하였다. 수십 년을 부정한 상관 밑에서 잘못 배웠다고 울먹이며 털어놓았다. 가정사에도 불운이 겹쳤다. 딸아이는 병들고 부인과는 별거하였다. 오랜 소송 끝에, 빼돌려 애써 모은 재산도 명예도 다 날아갔다. 죽지 못해 살고 있다고 하소연한다.

어느 전직 대통령을 '형'으로 부른다던 한 고위 공직자는, 고가의 골프채 등 고액의 금품을 받은 죄로 구속됐다. 이 사람은 뇌물로 받은 돈으로 자녀를 유학 보냈다.

어느 도시개발 관계자는 2억 원을 받은 혐의로 검찰에 불려 다니다, 결국 아파트 옥상에서 투신하였다. 이처럼 뇌물은 모든 길로 통하는 것 같지만, 그 끝은 결국은 파멸에 이르는 길이다.

선물인가? 뇌물인가? 해마다 명절이면 선물로 포장한 뇌물들이 판을 친다. 영광 굴비, 한우 갈비 등이 그것이다. 일부 사람들은 입신출세, 사업 번창을 위해 뇌물을 바친다.

돈의 두 얼굴

어느 사립학교 교사 공채에서 합격한 신임 교사 10여 명 모두가 돈을 갖다 바쳤다는 사실이 세간에 알려졌다. 쉽게 출세하고, 쉽게 돈 벌어 행복하게 살고자 한 짓들이다. 가르치는 교사가 양심을 팔았으니 과연 행복할까? 이들이 학생들 눈을 똑바로 쳐다볼 수 있을까? 엄청난 액수의 '학교발전기금'을 이사장에게 갖다 바치고 교수랍시고 활개 치는 사람들도 마찬가지다.

반면에 어떤 친구는 뇌물에 초연하다. 뇌물을 주지도 않지만, 받을 위인도 못 된다. 그의 상사가 폭언을 일삼으며, 집요하게 뇌물을 요구해도 좀처럼 동요하지 않는다. "개념 없는 놈!", "사리 판단을 못하는 놈!", "어리석은 놈!" 온갖 모욕에도 아랑곳하지 않는다. 묵묵히 직무에 충실할 뿐이었다. 하늘이 도왔는지 제때 승진도 하고, 해외로 파견돼 폭넓은 식견을 쌓았다. 만기에 명예롭게 은퇴하여 대학에서 학생들을 가르치고, 강연과 저술 활동을 하며 만년을 행복하게 살고 있다.

위에서 언급한 《뇌물의 역사》에 보면, 생동맞게 '나쁜 뇌물'과 '정직한 뇌물' 얘기가 나온다. 몇 줄 인용해 본다.

하버드 대학 행정학 교수인 제임스 윌슨은 1968년 〈뉴욕 타임스〉에 기고한 칼럼에서 뇌물을 사회분열적 뇌물과 사회통합적 뇌물로 구분했다. 쉽게 말하면 사회에 해를 끼치는 나쁜

뇌물과 사회에 도움을 주는 정직한 뇌물로 나눈 것이다. (위의
책, 7쪽)

가당치 않은 얘기다. 뇌물은 주는 사람, 받는 사람 모두에게 해를
끼치는 '독극물'일 뿐이다. 정약용은 《목민심서》에서 공직자는 지방
의 특산품 하나라도 받지 말 것을 당부하였다. 보고 듣고 나름대로
판단한 뇌물의 종류에 대해 정리해 본다.

- 부하 직원이 상사에게 주기적으로 보내는 고로쇠 수액 한 통
- 인삼협회장이 관련 공무원에게 보낸 인삼 한 박스
- 케이크 밑이나 꽃다발 속에 들어 있는 현금, 상품권
- 바둑판, 괴목, 분재, 수석, 난초
- 고가 미술품, 고급 양주, 명품 백, 명품 시계
- 수백만 원을 호가하는 애완견, 고양이
- 어느 건설업자가 바친 진돗개 한 마리
- 대리 출석, 대리 석·박사 학위 논문 작성 등

속담에 "털어서 먼지 안 나는 사람 없다."고 하였다. 뇌물죄에서
자유로운 사람이 얼마나 될까? 흠 한 점 없는 완벽한 도덕군자란 과
연 존재할까?

이해 당사자에게 홍삼 한 통이라도 함부로 받아서는 안 된다. 한

번 뇌물에 길들여지면 회복하기 어렵다. 뇌물로부터 자유롭고 싶다면, 탈탈 털어도 먼지가 나지 않아야 한다. 선물과 뇌물이 애매할 때 결벽증 환자처럼 이를 뿌리치는 용기가 필요하다. 적은 재산이나마 지키고 건강하게 천수를 누리고 싶거든 다음의 말을 명심하라.

모든 길은 뇌물로 통한다.
모든 뇌물은 죽음으로 통한다.

돈과 건강, 돈과 목숨

2021년 12월 24일 새벽 세 시 반, 즐거워야 할 성탄 전야를 눈앞에 두고 있지만 마음이 편치 못하다. 많은 사람들이 장례 절차도 치르지 못하고 바로 화장터에서 한 줌의 재로 변했다. 코로나 바이러스로 아비는 목숨 같은 딸을 잃었고, 어미는 다 큰 아들을 가슴에 묻었다. 젊은 가장은 아내와 어린 자식을 두고 떠났다. 이름이 널리 알려진 어느 목사의 주치의도 66세를 일기로 바이러스에 감염돼 죽었다.

생명을 떠나보내고 애처롭게 울부짖는 사람들을 떠올리면, 고요한 새벽, 책상에 편히 앉아 글 쓰는 것조차 부끄럽고 미안하다. 안 죽고 겨우 살아남은 자로서 망자에게 많은 빚을 진 기분이다.

'오미크론'이 등장하며 바이러스의 기세가 맹렬하다. 매일같이 사람들이 무더기로 세상을 떠난다. 악마와도 같은 전염병이 창궐하는 시기에 그저 안 죽고 살아 있다는 자체가 감사할 뿐이다.

우울한 뉴스가 매일같이 쏟아져 나온다. '택시비 75,000원 먹튀!'라는 기사가 눈길을 끈다. 70대 택시 기사가 젊은 여성 두 사람을 태우고 수원에서 일산 백마역까지 장장 두 시간을 운전하였다. 그중 한 여자가 충전되지 않은 교통카드를 내밀고 계산하는 척하며 시간을 끌다가, 문을 열고 두 여자 모두 도주하였다.

왕복 네 시간을 헛수고한 노구(老軀)의 분노가 하늘을 찌른다. 백발의 택시 기사는 이들을 찾아내 엄벌해 달라고 호소하였다. 대구의 고깃집 사장도 술과 고기를 먹고 도주한 젊은 녀석들의 사진을 올려, 이들의 신원을 기어코 밝혀내 용서하지 않겠다며 울분을 토했다.

몇 달 전, 호프집을 경영하던 여사장이 스스로 목숨을 끊었다. 사회적 거리 두기로 빚만 늘어나고 더 이상 가게를 운영할 수 없게 되었다. 자신이 살던 집의 임대 보증금을 빼내 아르바이트 학생의 임금을 지불하였다. 그것이 그녀가 이 세상에서 할 수 있는 마지막 책무였다. 끝까지 종업원에게 최선을 다한 여주인을 애도하는 인파가 봇물을 이뤘다.

지난해 천안에서 카페를 운영하는 젊은 여주인의 모습도 아른거린다. 삭발 투쟁을 하던 중 옆에 있는 어린 딸을 가리키며 눈물로 호소한다.

"이렇게 어린 아이를 두고 죽을 수는 없잖아요?"

동물병원 겸 애견용품 가게를 운영했던 어느 독신 여성은 피눈물을 흘리며 가게를 접었다. 데리고 있던 수의사가 단골 고객을 빼돌려 맞은편에다 '화려하게' 점포를 차렸다. 믿었던 젊은 수의사에게 제대로 뒤통수를 얻어맞은 셈이다. 그녀는 실의와 절망에 빠진 나날들을 용케 잘 극복하였다. 훗날 과거를 떠올리며 이렇게 회고한다.

"옥상 위에 올라 새가 되어 구름 속으로 훨훨 날아가고 싶은 생
   각이 들 때가 한두 번이 아니었어요."

생계형 자영업자들의 구슬픈 얘기를 어찌 다 말로 표현할 수 있겠는가? 생사의 기로에 서 있는 수백만 자영업자들의 절규가 귓가에 쟁쟁하다. 이들이 거리로 나섰다.

"코로나로 죽으나 굶어 죽으나 매한가지다."

이들에게 어떠한 위로의 말도 귀에 들리지 않을 것이다.

이번에는 밝은 쪽으로 화제를 돌려 본다. 팔십 중반을 바라보는 어느 몰락한 '귀부인'의 일화다. 이분은 젊어서는 자수성가하여 어느 정도 돈을 모았으며, 장년에 이르러서는 '돈복'도 굴러들어 왔다. 돈 많은 남편과 재혼하여 많은 것을 누렸다. 봉사단체의 고위직에도 올랐다. 호텔이나 백화점에서 먹고 마시고, 쇼핑하고 한담하며, 하루의 대부분을 소일하였다.

이러한 풍요로운 생활이 영원토록 계속될 것만 같았다. 유덕하고 명망가였던 남편이 많은 유산을 남기고 죽었다. 그러나 남동생의 사업 밑천을 대느라 불과 몇 년 만에 유산을 다 날려 버렸다. 사업에 실패를 거듭하던 남동생은 교통사고로 죽었다.

이 노부인은 아는 사람 집에 얹혀살다가 최근에 독립하여 원룸에 살고 있다. 그래도 항상 표정만은 밝다. 심신이 건강하다. 머리며 옷매무새도 한 점 흐트러짐이 없다. 워낙 밝은 성격이라 우울증이 찾아올 리 없다. 그러고는 확신에 차서 말한다.

"난 돈하고 건강하고 바꿨어. 주변에 돈 많은 내 친구들은, 돈
을 집에 쌓아 놓고 아파서 문밖에 나오지도 못하잖아."

그렇다. 건강을 잃는 것은 모든 것을 잃는 것이다. 절박한 처지를 백번 이해하더라도 돈 때문에 목숨을 버릴 이유는 없는 것이다. 이 낙천적인 '여사님'을 보면서, '세상만사 마음먹기에 달렸다.'는 평범

한 진리가 새롭게 다가온다.

　죽을 고비를 여러 번 넘기고 성공한 어느 기업가는, 돈을 벌려면 창업하라고 힘주어 말한다. 이 기업가는 다시 태어나도 창업할 것이라고 하였다. 말은 쉽지만, 자영업자들이 벼랑 끝에 내몰리는 현실을 대하면, 창업하기가 어디 그리 쉬운 일인가.
　이미 간판을 걸었거나 새로 자영업을 시작하려는 사람들에게 권고한다. 앞의 〈화교는 어떻게 돈을 버는가?〉에서 간략히 교활한 토끼에 대해 언급하였다. 교활한 토끼에게서 다시금 지혜를 얻고자 한다.

　　교활한 토끼는 세 개의 굴을 판다(狡兎三窟). 사냥꾼에게 쫓겨
　　도 몸을 숨길 수 있기 때문이다. 《사기》, 〈맹상군 열전〉

　장사하는 사람들은 '교활한 토끼'에게서 지혜를 배워야 한다. 굴을 파는 방법은 '교활한 토끼'인 화교나 유태인에게서 배우라. 그들은 굴을 세 개가 아니라 수십 개씩 파 놓는다. 협력자도 많고, 인맥이 두텁다. 이들은 실패를 다반사로 여긴다. 오히려 실패 없는 성공을 두려워한다. 좌절, 절망, 낙심을 모르는 낙천주의자들이다. 사업에 실패했다고 혹은 돈을 모두 날렸다고 목숨을 끊으려는 어리석은 짓은 시도조차 하지 않는다.
　장사에, 사업에 발을 들여놓은 사람들은 미리 굴을 여러 개 파 놓

　　　　　　　　　　　　　　　　　　　　　　　돈의 두 얼굴

으라. 어떤 일이 있더라도 극단으로 내몰리는 일이 없어야 한다. 설사 극한 상황에 몰렸다 할지라도 극단적인 선택은 금물이다. 이 세상에는 벼랑 끝에서 화려하게 부활한 사람들의 성공 신화가 너무나 많기 때문이다.

정 죽고 싶거든, 차라리 '자연인'처럼 깊은 산골에 들어가 몇 달이라도 살아 보라. 어느 부도난 사업가처럼 남해의 무인도에서 단 몇 년이라도 살아 보라. 휴양하면서 건강도 찾고 재기의 발판을 다져야 한다. 극도의 위기 속에서도 기회가 꿈틀거리고 있는 법이다. 이것이 바로 '양생(養生)의 도'이다.

살점, '살전(錢)'

'피 같은 돈'이라는 말은 많이 들어 봤으나, '살전'이라는 말은 처음 들어 봤다. 살점, 살덩어리 같은 돈이란 뜻이다. 이 사람 저 사람에게 푼돈, 큰돈을 떼인 팔순의 사촌 누님에게서 귀에 못이 박히도록 들었던 말이다. 이 누님은 살전이라는 단어를 가슴에 품고 다닌다.

이후로 살전의 의미를 떠올리며 자주 생각에 잠기게 되었다. 살전이라는 말을 처음 들었을 때, 온 살이 떨렸고 섬뜩하기까지 하였다. 돈이 대체 무엇이기에 저렇게까지 부르르 떨면서, "내 살전!"이라고 할까?

자주 뵙는 강남의 이웃 할머니도 마찬가지다. 할머니가 입버릇처럼 내뱉는 말도 살벌하기 이를 데 없다. 자신의 돈을 빌려 간, 친자매처럼 지낸 이웃 여성에게 한 말이다.

"그 돈이 어떤 돈인지 알지? 그 돈은 내 피가 묻은 돈이야!"

잘 알고 지내는 사이라서, 이 할머니의 일거수일투족이 다 내 시야에 들어온다. 돈을 목숨처럼 생각한다. 이분에게 돈이 없는 삶은 단 하루도 생각할 수 없다. 몇 해 전 할머니의 남편이 돌아가셨다. 술이 덜 깬 채 새벽 네 시에 일어나 나와 조카, 그 집 아들과 함께 관(棺)을 들어 운구차에 실었고, 벽제 화장터로 갔다. 오전 10시 넘어 굶은 채로 집에 돌아왔다. 꼭두새벽부터 관 들어 주고 국밥 한 그릇 못 얻어먹기는 난생처음이었다. 이 할머니의 주머니에서 '피 묻은 돈'은 좀처럼 나올 줄 모른다.

누님은 궁벽한 산간 마을에서 태어나고 자랐다. 서울 달동네 단칸방에 살며 온갖 고생을 다해 돈을 제법 모았다. 누님에게 돈은 곧 모든 것이요, '유일신'이다. 돈이 자신을 지켜 주는 생명의 끈인 셈이다. 돈 없으면 무시당한다는 사실을 본능적으로 깨달으며 험한 세상을 살아왔다. 인생의 낙이 오직 돈을 모으는 데 있다. 살 떨려서 돈 쓰는 것을 두려워한다.

장터에 가면 제일 싼 잔치국수를 즐겨 먹는다. 돼지고기도 가장 싸고 퍽퍽한 뒷다리살만을 삶아 먹는다. 지하상가나 길거리에 파는 만 원짜리 신발을 사 신고 흐뭇해한다. 나들이할 때도 삶은 계란 두 개로 끼니를 해결한다.

친한 사람들을 만날 때는 크게 인심을 쓴다. 뼈다귀탕이나 우거지탕, 소머리 국밥, 돼지국밥, 순대국밥, 설렁탕을 먹는다. 수산시장에 가서 강아지보다 더 큰 대구 몇 마리 사서 푹 삶아 여럿이 나눠먹는 것이 고작이다.

그리고 돈 벌 일이 있으면 물불 안 가린다. 자못 탐욕스럽기까지 하다. 탐욕으로 큰 돈을 벌었고, 탐욕으로 모든 것이 조금씩 무너져내렸다. 어쩌다 다단계 투자, 펀드 투자로 많은 돈을 날렸다. 살 같은 돈을 떼었으니, 살점이 떨어져 나가듯 아파하는 것은 당연하다. 산전수전 다 겪은 누님에게 만날 때마다 이것저것 물어보며 뒤늦게나마 부족한 인생 공부를 한다. 입버릇처럼 내게 말한다.

"돈 없으면 무시당할 줄 알아야지."

오래전에 〈실제 상황〉이라는 TV 프로그램에서 본 인상적인 한마디가 문득 떠오른다. 어릴 적 아들을 버리고 집을 나간 생모가 성인이 된 아들 앞에서 돈 문제로 다투며 말한다.

"너 없이도 20년 넘게 살아왔지만, 돈 없이는 단 하루도 못 살아!"

듣는 순간, 귀를 의심하였다. 이 어디 어미가 자식에게 할 말인가? 이 여인에게 돈은 친자식보다도 소중한 '살전'이나 다름없다. 이런 사람들이 어디 한둘이겠는가? 돈을 은행 통장에 쌓아 두고도, 시장에 가서 버려진 배춧잎을 주워다 배춧국을 끓여 먹는 이웃 할머니의 모습이 종종 떠오른다. 이 할머니에게도 돈은 똑같은 돈이 아니고, 살덩어리인 셈이다.

어느 해 섬서성 작은 도시의 중국 대학에서 잠시 학생들을 가르친 적이 있었다. 학생들은 대부분 가난한 농민의 자식들이다. 부모가 보내 준 피 같은 돈에 보답하기 위해 열심히 공부하던 모습이 눈에 밟힌다. 어떤 여학생은 동상이 걸려 손등이 갈라지고 손가락이 물러 터졌다. 갈라 터진 손을 매일 바라봐야 하는 낯선 이방인 선생의 가슴이 아프다.

이 순간 한 학생을 떠올리니 몹시도 가슴이 시리다. 그 학생은 진쒜타오(金學濤)이고, 한자 발음으로는 김학도다. 한번은 사정이 생겨 이사하게 되었는데, 김학도가 이삿짐을 날라 주었다. 촌티를 벗지 못하였지만 180센티가 넘는 키에 호감이 가는 얼굴이었다. 김 군은 늘 앞자리에 앉아 한국에서 온 선생의 얘기를 열심히 들었다.

그가 일주일 내내 안 보이자 학생들에게 물어봤더니 모두가 쉬쉬하고 말을 아꼈다. 며칠 후 다시 어느 학생에게 또 물었더니, 공원에서 칼에 찔려 죽었다는 것이다. 돈을 뺏으려는 불량배 일당과 한바탕 몸싸움을 벌였다. 부모님이 보내 준 '살전'을 끝까지 지키려다

황천길을 택하고 만 것이다. 돈과 목숨을 바꾼 어리석음을 탓하기에 앞서 너무나 애통하다. 마음을 준 제자이기에 더욱 마음이 아프다.

돈이 축복이자 저주라고 누군가 얘기하였다. 앞서 언급한 바와 같이 '사람은 돈 때문에 죽고, 새는 먹이 때문에 죽는다.'고 하였다. 재물에 대한 탐욕을 경계한 말이다. 이 속담을 되짚어 보면, 사람은 재물에 눈이 어두워 죽기도 하지만, 생계조차 해결하지 못해 벼랑 끝에 몰려 죽기도 한다. 돈이 건강을 해치고, 돈이 죽음을 부르기도 한다.

전세 보증금 9,000만 원을 떼여 극단적 선택을 한 20대 남성, 소양호에 떠오른 사채업자의 시신, 전기 충격기에 맞아 죽은 수천억 거부, 칼에 맞아 무참히 살해된 다주택 소유자, 이들은 다 제명을 다하지 못하고 비명횡사하였다. 누님이 모처럼 만난 내게 다시 말한다.

"다 내려놓았으니 지금껏 안 죽고 살았지, 내 살전을 생각하면
난 벌써 죽었어."

살전은 곧 죽음을 부른다. 가슴에 살전을 품고 사는 사람은 살았으나 곧 죽은 존재인지도 모른다.

졸부(猝富)들의 사고방식

드라마 시리즈 〈오징어 게임〉을 보면, 딱지치기하다가 주인공 이정재가 뺨을 맞는 장면이 나온다. 한 번에 10만 원 내기 딱지치기 게임이다. 한 번 질 때마다 10만 원씩 내야 한다. 낼 돈이 없자, 이긴 자가 몸으로 때우라며 이정재의 뺨을 한 차례 후려갈긴다. 계속 게임을 하였으나 연거푸 지는 바람에 수십 차례 뺨을 두들겨 맞았다.

결국 주인공이 몇 차례 이겨 뺨을 때리려 하자, 상대방이 돈을 내민다. 이정재가 상대방의 뺨을 후려치는 대신 받은 5만 원권을 세며 흐뭇해한다. 돈 없는 사람은 드라마 속 이정재처럼 언제나 '뺨' 맞고 돈을 셀 준비를 해야 한다.

다음은 성경에 나오는 어리석은 졸부 이야기다.

한 부자가 그 밭에 소출이 풍성하매, 심중에 생각하여 가로되 내가 곡식 쌓아 둘 곳이 없으니 어찌할꼬… 내 곡간을 헐고 더 크게 짓고 내 모든 곡식과 물건을 거기 쌓아 두리라. 또 내가 내 영혼에게 이르되, 영혼아 여러 해 쓸 물건을 많이 쌓아 두었으니, 평안히 쉬고 먹고 마시고 즐거워하자. … 어리석은 자여! 오늘 밤에 네 영혼을 도로 찾으리니, 그러면 내 예비한 것이 뉘 것이 되겠느냐? (누가복음 12: 16~20)

오늘 밤에라도 영혼이 '황천'으로 붙들려 갈지 모르는데 어리석은 부자는 그것을 모르고 기쁨에 들떠 있다. 실제로 하룻밤 사이에 어떤 일이 벌어질지 모른다. 어리석은 부자들은 보람 있게 돈 한 번 써 보지도 못하고 오늘도 자신도 모르게 저승을 향해 떠난다.

수성이 창업보다 어렵다고 한다. 일부 재벌들은 졸부 근성을 보인다. 직접 내 눈으로 보고 들은 어느 몰락한 재벌의 이야기다. 이 사람의 저택에는 경비원, 가정부, 잡부, 경호원 겸 운전기사, 전용 요리사 등 5~6명이 함께 머물며 시중을 든다. 재벌의 눈에 이들은 돈으로 부리는 머슴, 하녀나 다름없다. 마음에 안 들면 며칠도 못 가서 무 자르듯 바로 잘라 버린다. 목구멍이 포도청이라고, 시중드는 사람들은 잘릴까 봐 전전긍긍한다. 이들은 이 세상에 돈으로 해결하지 못하는 것이 없다고 생각하는 천박한 부류들이다.

돈의 두 얼굴

어느 회장은 화장실까지 따라오며 송사(訟事)의 경과를 보고하는, 자신이 고용한 변호사의 뺨을 후려치고 정강이를 걷어찬다. 이 변호사는 제 역할을 제대로 하지 못한 것 같다. 법 지식을 뻰다는 변호사가 왜 묵묵히 얻어맞고만 있는지, 분노에 앞서 많은 생각을 하게 한다.

어느 재벌 회장의 아들과 종업원이 가라오케에서 시비가 붙었다. 회장의 '고귀한' 아들이 눈두덩이를 얻어맞고 계단에서 굴러떨어져 부상을 당하고 눈 주위가 찢어졌다. 분노가 치민 아버지가 아들의 분풀이에 나섰다. 술집 사장부터 불러 뺨부터 후려쳤다. 힘깨나 쓰는 가라오케 사장도, 돈의 위력 앞에 추풍낙엽처럼 나가떨어졌다. 자신의 경호원, 조직 폭력배들을 동원하여 아들을 팬 종업원들을 야산에 끌고 가 죽도록 구타하였다. '눈에는 눈'이라고, 눈두덩이를 집중적으로 때렸다. 법보다 주먹이 앞서고, 주먹보다 돈이 앞선 것이다.

모 항공사 '로얄 패밀리'의 이야기는 세간에 널리 퍼져 있다. 부인과 딸들의 갑질, 횡포가 세인의 이목을 끌었다. 어머니는 정신분열증 환자처럼 회사 직원들에게 마구 소리를 질러 댄다. 분노조절장애를 겪고 있는 듯하다. 딸도 마찬가지다. 대학교 이사를 겸하고 있던 딸은 이사회 석상에서, 아버지 친구인 백발의 대학 총장에게 서류 뭉치를 집어 던졌다. 이 총장은 며칠을 괴로워하다 사직서를 제출했다. 품격 없는 졸렬한 부자들의 모습이다.

졸부들의 사고방식이나 특징 몇 가지를 정리해 본다.

- 이 세상에 돈으로 해결하지 못하는 것은 없다.
- '개'같이 벌어서 '개'같이 쓴다.
- 주위 사람들은 오로지 '로얄 패밀리'를 위해 존재한다.
- 돈 자랑을 늘어놓기만 하고 도무지 베풀 줄 모른다.
- 약자의 초가집도 헐값에 빼앗아 자기 소유로 만든다.
- 기부 활동, 자선단체를 외면한다.
- 운전기사, 비서 등 수하 직원에게 폭언·폭행도 서슴지 않으며 하인 다루듯 한다.
- 고급 주택, 고급차, 명품으로 허세를 부린다.
- 유흥, 도박, 마약, 여색을 즐긴다.
- 자신보다 더 많이 가진 강자에게 한없이 비굴한 행태를 보인다.

졸부는 조금도 부러워할 것이 못 된다. 평범한 사람들은 다음 구절을 거울삼기 바란다.

나로 가난하게도 마옵시고 부하게도 마옵시고(잠언 30:8)

《도덕경》에 '최고의 선은 물과 같다(上善若水).'고 하였다. 만물을 골고루 적셔주며 이롭게 하는 물의 성질을 최고의 이상적인 경지로 삼은 명구이다. 물은 높은 데서 낮은 데로 흐른다. 잘났다고 자랑하지도 않으며 다투지도 않는다. 성경에도 '정의가 강물처럼 흘러야 한다.'고 쓰여 있다. 졸부들의 돈은 낮은 곳에서 위로 흐르는 것 같다. 더 큰 이익을 노리고 권력자에게 후하게 바친다. 돈도 물처럼 높은 곳에서 낮은 데로 흐르면 좋겠다. 졸부들의 돈이 빈자들을 위해 강물처럼 흐르면 좋겠다.

돈 중독

중독의 사전적 의미를 되새겨 보자.

1. 생체가 음식물이나 약물의 독성에 의하여 기능 장애를 일
   으키는 일.
2. 술이나 마약 따위를 지나치게 복용한 결과, 그것 없이는 견
   디지 못하는 병적 상태.
3. 어떤 사상이나 사물에 젖어 버려 정상적으로 사물을 판단
   할 수 없는 상태.

일중독은 고치기 힘든 중독 중의 하나다. 새벽에 출근하고, 야근
하고, 공휴일에도 사무실을 기웃거린다. 주말도 예외가 아니다. 사

무실 침대에서 잠을 청한다. 공휴일에도 왠지 사무실에 들러야 직성이 풀린다.

고스톱 중독 또한 만만치 않다. 식당 뒷방에서 저녁상을 물린 뒤, 다들 전투태세에 돌입한다. 때로는 언성을 높이고 눈을 부라린다. 상사에게 '민폐'를 끼쳐, "눈치 없는 놈!" 소리를 들어도 참아야 한다. 그리고 빈 지갑에 충혈된 눈을 부비며, 새벽 한두 시가 되어서야 귀가한다.

도박중독도 마찬가지다. 한번 도박해 빠지면 좀처럼 헤어날 수 없는 것 같다. 손가락을 자르고 나니, 발가락 사이에다 화투장을 끼우고 고스톱을 치더라는 우스갯말을 들었다. 호기심으로 카지노에 한번 들렀다가, 정선 강원랜드에 뼈를 묻은 사람들이 많다. TV에 소개된 어떤 중독자는 이렇게 맹세하였다.

"하늘에 계신 어머님! 도박을 끊었습니다. 이 아들 지켜봐 주십시오."

얼마 후 방송국 제작진이 그를 발견한 곳은 다름 아닌 음침한 인터넷 도박장이었다. 더 무슨 말이 필요하겠는가.

돈 중독 얘기를 꺼내려다 보니 서두가 너무 길었다. 돈 중독이 무엇일까? 얼핏 생소하게 들릴지 모른다. 돈 중독이란 돈에 젖어 버

려 정상적으로 사리 판단을 할 수 없는 상태라 풀이해도 무방할 것
이다.

실제로 많은 사람이 돈에 미쳐 분별력을 잃고 자신과 타인의 신세를 망친다. 전자발찌를 찬 채 도주했던 성폭행범 강 모 씨도 그렇다. 그토록 들어가기 싫어했던 '국립학교(교도소)' 문을 또 들어갔다. 두 여인을 사귀었던 모양이다. 한 여인은 돈을 안 빌려준다고 죽였고, 또 한 여인은 강씨에게 돈을 안 갚는다고 다그치자 죽여 버렸다.

사람들은 흔히 '돈독'이 올랐다는 표현을 사용한다. 돈독에 걸리면 남녀노소를 막론하고 치료하기가 어렵다. 현대인들 다수가 돈독에서 자유롭지 못하다. 가장도 아내도 딸도, 회장도 사장도, 사립학교 이사장도, 돈 앞에서 전전긍긍한다. 오로지 돈 중심으로 사고하고, 돈 중심으로 판단한다.

돈이 없는 사람은 한 푼이라도 더 벌려고 각축하고, 돈이 많은 사람은 돈을 지키려고 혈안이다. 영혼까지 끌어다 집에 투자하고, 코인이나 주식에 투자한다. 돈에 미혹된 영혼은 살인도 마다하지 않는다.

2023년 4월 초, 강남 한복판 그것도 대낮에 3인조 괴한이 40대 후반의 여성을 납치하여 살해하였다. 이른바 청부살인이다. 살인을 교사한 혐의를 받는 부부도 잡혔다. 코인 투자와 관련하여 피해를

보자 원한이 뼈에 사무쳤던 모양이다.

어떤 대학생은 등록금 천만 원을 주식에 투자해 몽땅 잃고, 한강 대교 위를 배회한 적이 있다고 말한다. 주식에 미쳐 있던 어느 노부인은 큰돈을 잃고 소파에 앉은 채 망연자실하다 그만 쓰러져 불귀의 객이 되었다. 앞에서 잠시 언급한 바 있는 어느 호텔 사장도 주식 선물에 빠져 호텔을 폐업하고 주식쟁이가 되었다. 목동에 사는 어느 젊은 부부는 아파트 구입 문제로 하루가 멀다 하고 다투다 둘 다 저승으로 갔다. 돈 중독은 이처럼 치명적인 것이다.

어느 말단 공직자는 주말마다 땅을 보러 다닌다. 직분을 망각한 채 땅 투기에 여념이 없다. 기획부동산 업자나 다를 바 없다. 오래전 일이다. 현직 교수이자 교육부총리 후보에 올랐던 인물의 얘기가 다시금 생생하게 떠오른다. 청문 위원 앞에서 한 그의 답변이 가관이다.

"강의가 없을 때라든지, 점심시간을 이용하여 주식 시세를 확인하는 것이 무슨 문제가 되느냐?"

이것이 과연 교육자로서 할 말인가. 주식에 빠진 이 후보자는 청문회를 통과하지 못하고 보기 좋게 낙마하였다. '유취만년(遺臭萬年)'이라고 청사에 더러운 이름이 길이 남게 되었다. 교직은 성직이다. 직분을 망각한 채 돈에 중독된 자의 말로는 이처럼 비참하다.

언제부턴가 돈으로 모든 것을 재단하는 시대가 되었다. 사랑, 교육, 예술, 종교마저도 돈에 매몰돼 버렸다. 산 위에 지은 어느 사찰 건물의 출입문이 철옹성처럼 굳게 닫혀 있다. 얼핏 보기에도 정통 불교 사찰 같지 않다. 높은 담 위에 철조망이 설치돼 있다. 뒤편으로 돌아가 보니 그곳도 철책으로 둘러싸여 있고 감시 초소도 보인다. 중생을 구제할 도량에 무슨 보물을 쌓아 놓았기에 이처럼 감시 초소까지 세워 놓았을까? 그래서 어떤 속인들은 중을 이렇게 비웃는다.

"중이 염불에는 관심이 없고 잿밥에만 눈이 어둡다."

절간, 교회, 성당에서도 돈 한 푼 없으면 문전박대당한다. 돈이 없으면 남들이 무시하기에 앞서, 스스로 한없이 왜소해진다. 그렇다고 돈독이 올라야 꼭 돈을 버는 것일까? 돈에 중독되면 사회가 삭막해진다. 과연 어느 정도의 돈이 있어야 돈에서 자유로울까? 각자가 판단할 몫이다.

책벌레와 '돈벌레'

국어사전에는 벌레에 대해 다음과 같이 정의하고 있다.

1. 곤충을 비롯하여 기생충과 같은 하등 동물을 통틀어 이르
   는 말.
2. 어떤 일에 열중하는 사람을 비유적으로 이르는 말.

여기에서는 두 번째 의미에 주목하고자 한다. '대충(大蟲)'이란 단
어가 있다. 대충은 큰 벌레가 아니라 다름 아닌 호랑이를 가리킨다.
사람에게도 종종 '충'이란 글자를 붙인다. 휴대폰충, 공부충, 격투
충, 주식충, 도박충, 마약충, 식충이 등 이름 붙이기 나름이다. 벌
레 중에 유독 '책벌레'만큼은 좋은 의미로 다가온다.

옛사람들은 책벌레를 '서충(書蟲)'이라 하였다. 옛적의 책벌레들을 대하면 경외심마저 든다. 가르치는 것을 업으로 삼는 사람은 마땅히 서충이 되어야 한다. 교수가 돈(錢)충, 정치충, 주식충, 골프충, 바둑충 소리를 듣는다면 이름값을 못하는 것이다. 교수가 휴일·조석 가리지 않고 TV에 나와 정치 평론이나 일삼는다면 교수라 할 수 없다.

지하철에 책벌레는 없고 '휴대폰 벌레'들만 가득한 지금, 책벌레들의 일화를 소개한다. 증국번(曾國蕃, 1811~1872)은 과거에 낙방하고 낙향하는 길에, 서점에 들러 옷을 전당 잡히고 책을 사서 고향에 돌아왔다. 훗날 과거에 급제하여, 내각학사(內閣學士), 예부시랑(禮部侍郎), 직례총독(直隷總督) 등을 역임하였다. 후세 사람들은 그를 문장가요, 명신으로 기렸다.

루쉰(魯迅, 1881~1936)은 상으로 받은 메달을 팔아 책을 샀다. 그는 《광인 일기》, 《아큐 정전》, 《공을기》 등을 저술했다. 후에 중국을 빛낸 세계적인 문호로 이름을 날렸다. 중국의 후세들은 셰익스피어 못지않게 그를 기린다.

후쿠자와 유키치(福澤諭吉, 1835~1901)는 차고 다니던 목숨과도 같은 칼을 팔아 미국 유학길에 올랐다. 《문명론의 개략》, 《학문의 즐거움》 등을 지었다. 게이오대학의 전신인 경응의숙을 설립하였고, 1만 엔권 지폐에도 얼굴을 올렸다. 우리에게는 한갓 침략론자에 불과하나 일본의 후세들은 그를 신주 받들 듯 추앙한다.

벤자민 프랭클린은 돈이 생기면 서점으로 달려갔다. 훗날 독립선언서를 기초하였으며, 미국인에게 위대한 정치가로 각인돼 있다. 그가 평생을 수첩에 새기며 실천하고자 했던 다음의 '13개' 덕목은 너무나 유명하다.

절제, 침묵, 질서, 결심, 절약, 근면, 진실, 정의, 중용, 청결, 침착, 순결, 겸손

한국인이나 미국인이나 할 것 없이 생일 선물로 현금을 더 좋아한다고 한다. 아마도 모든 세계인들이 마찬가지인 것 같다. '돈벌레'의 굴레에서 벗어나기란 여간해서 쉽지 않아 보인다. 돈벌레란, 사전적 정의를 갖다 붙이면 '돈벌이에 열중하는 사람'으로 풀이해도 무방할 것이다. 땀 흘려 열심히 일해서 돈을 번다면 마땅히 칭송을 받아야 한다. 부정한 방법으로 남의 돈을 빨아먹는 돈 흡충(吸蟲)들이 문제다.

돈 흡충은 영혼을 갉아 먹는다. 아래와 같은 부류들이 바로 돈 흡충들이다.

- 급행료를 요구하여 갈취한 돈으로 자녀를 유학 보낸 공무원
- 수입산 흰다리새우를 국내산 대하라고 속여 비싸게 파는 상인
- 수입산 메기로 회초밥을 만들어 폭리를 취하는 뷔페 사장

- 대만산 틸라피아(Tilapia)를 '역(力)돔'으로 속여 파는 횟집 사장
- 품바의 돈을 빨아먹고, 품바를 알거지로 만든 어느 품바의 애인(술집 작부)
- 남의 남편을 "오빠!"라 부르며 돈을 노리는 아리따운 '꽃뱀'
- 부하에게 집요하게 일제 골프채를 요구하는 상관
- 양주 선물을 집어 던지고, 노골적으로 현찰을 요구하는 상사
- 맹지(盲地)를 '명지(明地)'로 속여 판 이장 겸 부동산 중개업자
- 단속을 구실로 룸살롱을 돌며 '수금'하는 사이비 경찰
- 직속 부하의 '가녀린 모가지'에 빨대를 꽂고 '피'를 빠는 상관
- 뇌물을 야금야금 먹여 공직자를 협박하는 기업가
- 성 접대를 미끼로 오만한 검사 입에 재갈을 물려 재산을 축적하는 사업가
- 수입산 돼지고기를 국내산으로 속여 팔아먹다 추방된 어느 시골 마을 정육점 주인
- 2년마다 무급 안식년을 내세워 교수들을 농락하다 폐교당한 전 사립대 이사장

이런 '인간 거머리'의 유형은 열거하자면 한도 끝도 없다. 돈의 굴레에서 벗어나기란 어렵고, 쉽게 돈을 벌려는 '돈벌레'가 되기는 쉽다. 얼마를 벌어야만 돈의 굴레에서 벗어날까? 언제쯤에나 돈의 굴레에서 벗어날까?

유태인 부호들은 대부분 책벌레들이다. 그들은 책에서 부자 되는 지혜를 구하였다. 돈보다 시간을 소중히 여겨 1분 1초도 낭비하지 않았다. 부자가 되고 싶은가? 그렇다면 먼저 책벌레가 되어라.

상품(商品)이 된 인간

"개나 염소 팔아요. 개나 염소 삽니다. 개나 염소 팔아요. 개나 염소 삽니다."

어느 날 여름, 복날이 가까워지자 시골 마을에 트럭의 스피커를 타고 개장수의 목소리가 반복해서 울려 퍼진다.

"무슬림 여성 팝니다."

2022년 1월 3일자, 경향신문에 보도된 글귀다. 인도에서 제 목소리를 내는 무슬림 여성을 겁주기 위해, 힌두교 극우주의자들이 경매 사이트에 올린 글이라고 한다.

주머니가 두둑한 채로 고향엘 찾아가면 시골 친구들이 반갑게 맞이한다. 온 마을이 떠들썩해진다. 빈 주머니로 고향에 찾아가면 동네 똥개도 길고양이도 외면한다. 부자 친구가 찾아가면 버선발로 뛰어나온다. 코로나 바이러스에 걸려도 상관없다. 악수를 청하고 껴안고 뺨을 비벼 댄다.

주머니가 텅 빈 친구는 누구나 외면하는 싸구려 짝퉁 인간에 불과하다. 돈 없이 고향에 '굴러온' 친구는, 친구가 아니라 그저 천덕꾸러기 '물건'일 뿐이다. 언제부터인가 인간이 상품으로, 물건으로 전락하였다.

'매란(賣卵)'이란 난자를 판다는 의미이다. 중국에서 머리 좋은 명문 여대생의 난자는 수천만 원, 수억 원을 호가한다. 결혼상담소에서도 인간은 거래되는 상품일 뿐이다. 어느 유명한 중매쟁이가, 독신으로 지내는 전 올림픽 레슬링 챔피언을 중매하기 위해 발 벗고 나섰다.

"재산은 얼마 있냐? 집은 있냐? 고정 수입은 얼마냐? 월수입은 얼마냐?"

4관왕의 금자탑을 쌓았던 레슬링 영웅도 상품 가치가 많이 떨어졌다. 돈도 없고 주름진 얼굴에다 거칠어진 피부, 나이마저 50줄에 들어섰기 때문이다. 이 올림픽 영웅도 중매쟁이 눈에는, 명부에 올려놓고 거래하는 상품과 다름없다. 이 스포츠 스타의 인간성, 불굴의 의지, 순박한 모습, 내면의 정서 등은 '결혼 거래'에 아무런 도움이 안 된다. 중매쟁이의 말을 빌리자면, 이 사람은 '결혼 상품'으로 약간 미달이라는 느낌마저 들게 한다.

중매쟁이에게는 명문대 학력에다, 미모까지 갖추고, 부모가 상가 건물이 있으면 특등 상품이 된다. '명품' 신부를 얻기 위해 판검사, 의사들이 목을 걸고 '구애'를 한다. 학비를 낼 돈이 없는 가난한 어느 의대생, 개업할 돈이 없는 어느 의사는 상품이 되어 돈 많은 집에 팔려 간다. 배운 것 없고 돈 없는 농촌의 노총각은 값싼 물건 취급을 당한다. 국제결혼상담소에 서류를 내밀거나 평생을 홀아비로 보내야 한다.

'스펙' 만능주의가 지금도 그칠 줄을 모른다. 스펙이란 스페시피케이션(specification)의 줄인 말로, 일종의 물품 명세서이다. '물품 명세서'에는 학벌, 학점, 토익 점수, 인턴 경력 등이 기록된다. 'SKY' 학벌에다 여러 기관에서 인턴 경력을 쌓고 부모가 지위나 권력을 가졌으면 '특급 상품'이다. 하버드 출신은 이 땅에서 곧 '신의 아들'이다.

이름 없는 지방대를 나와 변변한 경력이 없고 부모가 농촌·어촌·산촌 출신이면 퍼석퍼석한 돼지 뒷다리 살처럼 '3등급' 취급을 당한다. 가정환경에 따라 '신의 아들'이나 '사람의 아들', '어둠의 자식'들로 분류돼 '거래'된다. 어둠의 자식들은 요즘 용어로 '흙수저' 이다.

어느 교수 부부는 딸과 아들의 '스펙'을 넓히기 위해 동분서주하다 집안이 쑥대밭이 됐다. 부인은 범법자가 돼 감옥에 갇혔고, 한때 대권 주자 후보로까지 떠올랐던 수려한 용모의 남편은 세인의 조롱거리가 되었다.

일부 사립학교의 경우, 교수나 교사 채용 시 최고의 스펙은 뭐니 뭐니 해도 돈이다. 온갖 스펙을 다 갖추었어도 돈이 없으면 빛 좋은 개살구다. 스펙을 다 갖추고도 돈이 없으면 '부실한 상품', '결격 상품'에 불과하다. 어느 사립학교 재단 관계자는 '돈'을 받고 채용한 대가로 징역 4년형을 선고받았다. 돈 없으면 제아무리 경력이 화려해도 값싼 상품으로 취급돼 폐기되고 만다.

돈과 상품은 현재 진행형이다. 유통 기간이 지난 상품은 쓰레기통에 던져진다. 유통 기간이 지난 '인간 상품'도 마찬가지다. 과거에 아무리 돈 많고 화려하고 지위가 높고 권력을 가졌어도, 지금 당장 '돈'이 없으면 유통 기간이 지난 식품에 불과하다. 그래서 사람들은 급하게 큰돈을 쥐려고 눈에 핏발이 선다.

학력이나 재산뿐만 아니라, 어느 지역 출신이냐에 따라 인간을 서열화 · 상품화하기도 한다. 박정희 · 전두환 · 노태우 정부 때는

TK(대구 · 경북)가 성골이었다. 도처에서 이곳 출신들은 최고의 '상품 가치'를 자랑하였다.

김대중 정부가 들어서자 MK(목포 · 광주)가 득세하였다. TK는 육두품이 되고, 육두품이었던 MK는 성골이 되었다. 이처럼 출신 지역에 따라 '인간 상품'의 가치가 달라진다. TK 또는 MK에다 돈까지 가졌으면 호랑이에게 날개를 달아 주는 격이다. 입장이 바뀌면, 어느 출신, 어느 지역이라는 '스펙'이 주홍글씨가 되기도 한다.

모 신문사 북경 특파원과 저녁 식사를 한 뒤, 그의 손에 이끌려 어느 화려한 가라오케에 들렀다. 테이블에 앉자마자 짧은 치마를 입은 앳된 아가씨들 20~30명이 갑자가 우르르 몰려왔다. 그녀들은 선택받기를 애원하듯 이국에서 온 두 사람을 응시한다. 처음 보는 낯선 광경에 당황하였으나, 평정심을 갖고 물건 고르듯 한 명을 골라 옆자리에 앉혔다. 그때 만난 수많은 '인간 상품'들을 떠올리면, 지금도 영 마음이 개운치가 않다.

소설 《돈》에 나오는 '돈의 제왕' 유태인 군데르만은 물건으로 치면 초특급 우량상품이다. 금고에 쌓아 둔 황금이 그를 아름다운 '상품'으로 만들었다. 사람들은 그를 숭배한다. 정확히 말하면 그의 돈주머니를 숭배한 것이다. 반면에 푼돈이라도 벌기 위해 증권거래소를 들락거리는, 가난한 시골 사제들은 누구도 거들떠보지 않는 싸구려 상품이다.

인간이 돈에 휘둘리고, 돈에 짓밟히는 세상에서, 인간이 인간됨을 회복하기는 요원하다. 돈을 이기는 방법, 돈에 꿇리지 않는 묘책을 각자가 터득해야 할 것이다.

돈으로 사서는 안 되는 것들

어느새 선물로 장미꽃보다는 상품권, 상품권보다는 현금을 더 좋아하는 사회가 되었다. 할머니는 돈으로 손자의 마음을 사고, 부모자식 간에도 오고 가는 '현찰' 속에 두터운 정이 싹튼다.

돈이 모든 것을 지배하는 사회에서 돈으로 살 수 없는 것들이 과연 몇 가지나 있을까? 시장지상주의를 연구하는 많은 경제학자들이 이런 의문을 품는다. 이들은 심지어 돈으로 친구, 우정, 의리, 건강, 행복, 사랑 등 모든 것을 살 수 있다고 호언장담한다. 이들의 주장을 극구 부인할 수도 없는 현실이다.

하버드 대학 교수인 마이클 샌델(Michael J. Sandel, 1953~)은《정의란 무엇인가?》에 이어《돈으로 살 수 없는 것들(What money can't buy)》이라는 저서를 통해, 우리에게 친근하게 다가온 인물이다. 샌델은 돈으로 결코 사서는 안 되지만, '돈으로 살 수 있는 것'들을 다음과 같이 예시하였다.

- 전투행위를 민간 군사기업에 위탁(러시아, 이라크, 아프가니스탄 등)
- 민간경호업체 증가(영국·미국의 사설 경호원 수는 공공 경찰의 두 배)
- 대리 줄서기, 암표 거래
- 진료 예약권 암거래, 전담 의사제도
- 현금 보상으로 불임 시술 장려
- 멸종 위기 동물인 검은코뿔소, 바다코끼리 사냥권
- 결혼식 축사 판매, 혈액 판매, 인신매매
- 돈으로 구입한 명예(거액 기부자에게 명예 학위 수여, 명문대 기부금 입학)

이처럼 자본주의 사회에서 돈으로 살 수 없는 것들은 거의 없다. 앞에서 열거한 것들 중 일부는 우리 사회에서도 발견된다. 돈으로 사서는 안 되는 것 가운데, 몇 가지를 생각나는 대로 적어 본다.

- 돈 주고 생면부지의 주례 선생 '데려오기'
- 돈 주고 석·박사 학위 논문 대필시키기
- 일부 학교에서 돈을 받고 교사, 교수 채용하기
- 대리모 출산, 매혈, 장기(臟器) 판매

이종사촌 형님의 오랜 친구였던 은퇴한 주지 스님 얘기를 꺼낼까 한다. 통장에 잔고가 두둑한 이 스님은 젊은 여자 보살의 마음을 샀다. 늙고 병들고 고독한 스님은, 말년을 은행 통장과 '충직한' 보살에 의지하였던 것 같다. 이 보살은 짐작컨대 간병인이자 '스님의 연인'이었던 것 같다. 어느 날, 스님을 돌보던 '간병인 보살'은 통장을 가지고 잠적하였다.

연속극에 나오는 어느 돈 많은 노인 환자는, 팔다리를 정성껏 주물러 주는 미모의 간병인에게 자신의 재산을 물려준다. 그러나 돈으로, 일시적으로 환심을 살 수는 있으나 진심 어린 마음을 사기는 어렵다.

분노가 치밀어 오르는 뉴스를 접했다. 2022년 1월 4일자 소식이다. 믿고 맡겼던 조선족 가사 도우미 겸 간병인이, 돌보던 치매 환자의 통장에서 야금야금 돈을 빼돌렸다. 환자의 상태가 악화되자 집중적으로 돈을 인출했다. 7년 동안 무려 218회에 걸쳐 13억 7천만 원을 빼돌렸다고 한다. 이 간병인의 아들은 위안화로 환전하여 중국으로 송금하였다. 이 여자는 혐의를 극구 부인했으나 4년의 실형이 선고됐다. 공범인 아들도 징역 3년에 처해졌다.

돈으로 양심마저도 사고판다. 친구도 우정도 필요 없다. 15억을 준다는 말에 눈이 뒤집힌 어느 법무사는 오랜 친구를 배신하였다. 그는 어느 사기꾼에게 매수돼 법정에서 위증하였다. 후에 괴로워하

돈의 두 얼굴

다 결국 위증 사실을 털어놓았고 자살하였다. 죽기 직전에 이르러, '정육점'에 맡겨 놓았던 간 · 쓸개랑 양심을 되찾아온 모양이다.

교직은 신성한 것이라는 말도 점점 흐려지는 것 같다. 돈으로 석 · 박사 학위 논문도 살 수 있다. 검색창을 두드리면, '석사 논문 대필', '영어 논문 대필'이라는 광고가 눈에 띈다. 대필 단가가 공공연하게 정해져 있다. 석사 논문 대필은 1천만 원, 박사는 2천만 원이라고 한다.

남이 써 준 글로 석 · 박사가 됐으면 그것으로 만족해야 될 텐데, 그들의 탐욕은 끝이 없다. '가짜 학위'로 교수직, 심지어는 대학 총장까지 노리는 철면피들이 있다. 교수직의 매매 행위는 공공연한 비밀이다. 지난해에도 같은 일이 벌어졌다. 2022년 1월 12일자 뉴스다.

대전의 모 국립대 교수가 교수 채용을 미끼로 시간 강사에게 거액의 금품을 요구하였다. 결국 강사에게 1억 4천만 원의 뇌물을 받은 사실이 드러나 5년 4개월의 중벌에 처해졌다. 뇌물로 교수직을 사려던 이 시간 강사에게도 벌금 천만 원이 부과됐다.

뇌물을 주는 사람이나 받는 사람, 요구하는 사람이나 요구를 들어 준 사람, 쌍방 모두 법의 처벌을 받게 된 것이다. 국립대 교수마저

이 지경에 이르렀으니 어찌 개탄스럽지 않겠는가! 해당 교수나 강사 모두 장사치와 별반 다를 바 없다. 이들을 '교수상인', '강사상인'이라 부르고 싶다. 서글픈 현실이다.

어느 날 집에 놀러 온, 어느 전직 봉사단체 회장의 입에서 나온 얘기다.

"서울에서 교수가 되려면 큰 것 한 장은 있어야 돼."

"1억이요?"

"아니, 10억!"

단가가 많이 올랐다. 물가가 오르니, 이런 것도 따라 오르는가 보다. 한심한 세상이다.

돈으로 첩을 사는 일은 흔하다. 호설암 같은 봉건시대 장사의 천재들은, 첩을 필요에 따라 사들이기도 하고, 집에서 '사육'하기도 하며, 적절한 때에 권력자에게 갖다 바친다. 첩은 이런 의미에서 주인의 충실한 노예요, '애완견', '반려 고양이'에 지나지 않는다.

돈으로 쾌락도 '무한 리필'할 수 있다. 어느 방탕한 재벌 2세에게 쾌락은 폭주하는 기관차처럼 멈출 줄을 모른다. 영화배우, 가수, 탤런트 등이 주로 그의 '쾌락의 노예'였다. 이 재벌 2세는 종종 본처와 애인을 한 집에서 끼고 뒹굴며 음탕한 삶을 즐겼다. 처와 애인 모두 인기를 한 몸에 받는 당대 최고의 가수들이었다. 재벌 2세가 풍긴

돈의 두 얼굴

악취는 쉽사리 가시지 않는다. '나' 자신에게도 악취가 풍기는지 늘 되돌아봐야 한다.

돈이 있으면 친구도 한꺼번에 몰려든다. 돈이 있으면 친구의 마음도 살 수 있다. 우정도 더욱 돈독해진다. 그러나 돈이 떨어지면 친구도 의리도 떠나간다. 텅 빈 집에 반려견 한 마리만 꼬리 치고 눈치를 살피며 곁을 지킨다.

평생을 함께해야 할 배우자도 돈으로 골라잡을 수 있다. 돈이 있으면 '결혼 상품 진열대'에서 원하는 '상품'을 보다 쉽게 고를 수 있다. 의사 사위를 맞이하려면, 최소 열쇠 3개는 있어야 한다는 말이 한때 풍미하였다. 3개의 열쇠란, 아파트 열쇠 · 차 키 · 병원 열쇠다. 현금 금고 열쇠는 요구하지 않으니 그나마 다행이다. 돈이 있으면 사위도 상품처럼 고를 수 있고, 돈이 없으면 의사보다 '품질'이 낮은 '하등급 상품'을 골라야 한다.

칠십 대 중반의 장 모 씨는 전직은 모르겠고, 돈 받고 결혼식 축사를 '읽는' 현직 주례 선생이다. 그 나이에도 만나기만 하면 3수해서 서울대를 들어갔다고 자랑한다. 졸업했다는 얘기는 들어 보지 못했다.

그는 주말에 한두 건 있는 주례를 위해 목욕도 하고, 이발도 하고 멋 부리기에 바쁘다. 가끔 괜찮은 직업이라며, 내게 한번 해 보라고 권한다. 주례 한 번에 적게는 20만 원, 많게는 30만 원, 50만 원도 받는다고 하였다. 양복을 잘 차려입었어도 그가 왠지 처량해 보인다. 결혼식장으로 떠나며 애틋하게 내뱉는 그의 뒷말이 마음을 울린다.

"요즘은 이 바닥도 경쟁이 아주 심해. 주례협회에서 한 주에 한 두 건밖에 주례 요청이 안 들어와."

주례협회라는 것이 있는 모양이다. 돈으로 사서는 안 되는 것들은 사려고 하지 말자. 품삯 주고 '데려온' 낯선 주례 선생의 주례사가 온전하겠는가? 그 주례자가 진정으로 두 사람을 축복할 마음이나 품었겠는가? 돈 몇 푼 아끼려고, 부담 없는 싸구려 주례자를 데려오는 짓은 삼가는 것이 좋겠다.

남이 써 준 논문으로 석사, 박사 소리 들어서 뭘 하겠는가? 돈 주고 선생님이 되고 교수가 돼서 뭘 하겠는가? 어떻게 강단에 서서 초롱초롱한 학생들의 눈망울을 똑바로 쳐다볼 수 있겠는가?

기업가, 군인, 경찰, 검사, 판사, 기자, 의사, 연예인, 방송인, 변호사 등을 비롯한 각계각층에는 지켜야 할 직업윤리가 있다. 상인에게는 상도덕이 있다. 변호사는 '법률 상인'이 돼서는 안 된다. 교수는 '교수상인'이 돼서는 안된다. 윤리와 도덕이 무너지고 돈이 지

돈의 두 얼굴

배하면 사회는 삭막해진다. 도덕과 윤리, 양심의 법이 돈을 지배할 때 사회가 보다 밝아질 것이다.

돈 봉투와 공직자의 품격

"돈 안 받아먹고 (민원인의 민원) 해결을 안 해 주는 놈이 제일
나쁜 놈이야. 받아먹고 해결해 주는 놈은 그나마 고마운 놈
이야."

대기업 건설회사 부장을 지냈던 가까운 친척 형님에게서 들은 얘
기다. 공무원의 직무 태만을 신랄하게 지적한 말이다. 오죽 속이 상
했으면 이런 말들이 떠돌았을까?

돈 한 푼 안 받고도 당연히 민원인의 가려운 곳을 긁어 주고, 해결
해 줘야 하는 것이 공직자의 책무다. 공무원이 돈을 받아 챙기는 순
간, 돈을 '먹인' 민원인이나 관련 사업자의 손아귀에 놀아나게 된다.
'꿀 먹은 벙어리'처럼 공무원으로서 품위를 잃는 것은 시간문제다.

민원인이나 관련 사업자가 내미는 봉투에 개처럼 길들여져서는 안 된다.

새로운 곳에 부임할 때는 종종 낯선 사람들이 흰 봉투를 들고, 환한 미소를 지으며 사무실로 찾아온다. 자신들의 이권을 위해 신임 공직자를 돈으로 매수하려는 흑심이 미소 가운데 피어오른다.

파주 지역은 인삼 생산 규모가 제법 크다. 특산품 등을 공동 생산하여 판매하고, 식당도 운영하는 어느 대표가 내게 봉투를 건네려고 애를 쓴다. 그때 자신도 모르게 흰 봉투에 맛을 들였더라면 아마 쇠고랑을 찼거나 좌천됐거나, 불명예스럽게 쫓겨났을 것이다.

어떤 사람은 국장이 공무원의 꽃이라고 한다. 경찰 공무원은 경무관, 대기업은 이사, 군인은 사단장, 검사는 검사장, 판사는 고등법원 부장판사 등등, 각 직종마다 필사의 노력을 기울여 쟁취하기 위한 아름다운 '꽃'들이 존재한다.

정치 지망생들의 입장에서 볼 때 꽃 중의 꽃이요, 별 중의 별은 단연 국회의원이 아닐까 싶다. 그러나 국회의원은 언제부터인가 욕을 바가지로 얻어먹는 대표적인 직업의 하나가 되었다. '교도소 담장 위를 걷는 사람들'이란 국회의원을 두고 하는 말이다.

정치사를 되돌아보면, 수많은 국회의원들이 뇌물 관련 혐의로 '국립 학교'에 가서 콩밥을 먹었다. 일부는 억울하다며 자신이 살던 고층 아파트에서 투신하거나, 산속 깊은 곳에 들어가 극약을 먹고 생명을 끊었다.

　공직자는 금전관이 투철해야 공직자로서의 품격을 유지할 수 있다. 공직자가 한번 돈맛에 취하면 여간해서 벗어나기 힘들다. 어느 공직자는 자신의 직장인 원주에서 정선까지 차를 몰아 강원랜드로 향한다. 직무에는 관심이 없고 오직 카지노 안에서 일확천금을 노린다.

　아랫배가 불룩 나온 어느 고위 공직자는 아침에 출근해서 오전 내내 조간신문과 스포츠 신문 읽기, 사시사철 점심으로 '사철탕' 먹기, 점심 식사 후 두 시까지 바둑 두기, 네 시에 구내 목욕탕 가기, 퇴근 전 석간신문 보기, 퇴근 무렵 여자 직원과 농담하기, 퇴근 후 요릿집에서 술과 고기 먹고, 새벽 한 시까지 고스톱 치기 등으로 하루를 '알차게' 보낸다.

　이 사람은 처세에도 능하다. 처세하는 방법을 누구에게 배웠는지 '무골호인(無骨好人)' 소리도 듣는다. 업무에 무능하나, 승진 무렵이 되면 탁월한 능력을 발휘한다. 고위직인 국장 자리에까지 올랐다. 무능력자가 능력 있는 자를 어떻게 몰아내는 지를 확실히 목도하였다. 지나간 옛이야기다. 지금도 이와 같은 공무원이 철밥통 차고, 회전의자에 목을 깊이 파묻고 있을지 자못 궁금해진다.

　공무원의 주머니는 늘 썰렁하다. 한 달에 한 번 받는 박봉으로 모

222

든 것을 해결해야 하기 때문이다. 치솟는 물가 탓인지, 금반지 한 돈이 30만 원을 넘어섰다. 우리는 지금 황금에 눈먼 시대에 살고 있다고 해도 과언이 아니다. 공포보다 더 무서운 것이, 빈 주머니에서 느끼는 공포라고 누군가가 말했다.

"황금을 보기를 돌같이 하라."

1960년대, 아이들이 고무줄놀이를 하면서 즐겨 불렀던 동요다. 나도 이 노래를 어릴 적 자주 들었던 탓인지 지금도 귀에 익숙하다. 가사 1절을 음미해 본다.

"황금을 보기를 돌같이 하라. 기르신 어버이 뜻을 받들어, 한 평생 나라 위해 바치셨으니, 겨레의 스승이라. 최영 장군."

최영(1316~1388) 장군을 신으로 모시는 무당들도 있다. 최영 장군은 아버지 최원직의 유언대로, 평생 황금 보기를 돌같이 하였다고 한다. 청빈한 공직자의 표상이 아닐 수 없다. 요즘 이런 동요는 자취를 감추었다. 돈에 미쳐 가는 시대에, '황금 보기를 돌같이 하라!'고 외친다면, 그 자리에서 바로 '미친 놈, 무능한 놈, 등신 머저리 같은 놈' 취급을 받을 것이다.

그러나 아무리 시대가 변했어도 공직자는 황금 보기를 돌같이 해야 한다. 오랜 진통 끝에 2016년 9월 28일부로 김영란법이 시행되었다. 한마디로 이 법은 부정청탁 및 금품수수 금지법이다. 직무 관련 공직자가 3만 원 이상의 식사 대접, 5만 원 이상의 선물이나 경조사비를 받으면 처벌한다는 것이 이 법령의 골자다. 이 법이 시행된 지 6년이 지난 지금에도 부정청탁, 금품수수는 끊이지 않는다.

공직사회에 만연한 부정부패를 뿌리 뽑기 위한 노력은 김영란법의 시행에도 불구하고 부정청탁과 금품수수를 근절하기란 요원한 것 같다. 지난해에도 어느 시 의회 의장이 뇌물수수 혐의로 구속됐다. 이와 관련된 사건으로 여러 명이 수감됐고 두 명이 목숨을 끊었다.

사랑스런 딸자식 유학도 보내고 싶고, 마누라에게 명품 백도 사주고 싶겠지만 절제할 줄 알아야 한다. 공직자에게 때로는 부하 직원이 다정하게 건네는 고로쇠 물 한 통도 뇌물이다. 조그만 정성 하나가 판단을 흐리게 만든다. 선물인지 뇌물인지 구별할 수 없거든, 결벽증에 가까울 정도로 뿌리칠 줄 알아야 공직에서 장수한다.

고로쇠 물 한 통이 나중에는 갈비 한 짝, 고급 양주 한 병, 수백만 원에 해당하는 상품권, 급기야 고액의 현금 뭉치로 변한다. 공직자는 황금에 눈멀어서는 안 된다. 돈을 벌고 싶다면 공직을 박차고 나와 장사에 뛰어들어야 한다.

이것이 공직자의 숙명이다. 숙명을 거스르면 위험하다. 어느 죄수의 고백처럼, 차디찬 감옥에서 보온병을 껴안고 겨울밤을 지새워

　　　　　　　　　　　　　　　　　　　돈의 두 얼굴

야 한다. 공직자는 그저 매달 나오는 월급에 만족하며, 청빈한 삶을 낙으로 알아야 한다. 욕심을 부리다 화를 자초한 공직자가 어디 한 둘이랴!

예나 지금이나 박봉에 시달리는 공직자가 돈의 유혹을 뿌리치기란 너무나 어렵다. 처자식의 무사안일을 위해 차라리 감옥 갈 각오하고 돈 봉투를 받고 싶은 유혹이 앞선다. 그러나 공직자는 가혹하리만치 자신에게 엄격해야 하고, 금전관이 투철해야 한다.

술 한 잔 사 먹을 돈이 없어 라면에 소주잔을 기울이더라도 눈먼 돈, 검은돈에 다가가지 말아야 한다. 봉급 말고 '공짜 돈'에 눈길도 주어서는 안 된다. 공짜를 바라는 것은 노예근성, 거지 근성이나 다름없다. 공무원이 거지처럼 민원인에게 공짜 돈을 구걸해서야 되겠는가?

공직자는 먼저 업자들의 달콤한 뇌물로부터 자신과 가족을 보호하는 내공을 길러야 한다. 자신과 사랑하는 처자식을 위해서라도, 아무리 털어도 티끌 하나 없어야 한다. 공무원의 품격을 유지하기란 이처럼 어렵고 힘든 것이다.

다산 정약용 선생은 오랜 유배 생활을 겪으면서, 지방 수령들의 부패상을 목격하고, 청렴 사회 건설을 위해 절치부심하였다. 다산 선생이《목민심서》에서 강조한 몇 구절을 옮겨 본다.

수령은 혼자 고립돼 있다. 침상 밖은 모두 나를 속이려는 자들이다. 사방을 살필 수 있도록 눈을 밝히고, 사방의 소리를 들을 수 있도록 귀를 밝게 해야 한다. (정약용 저, 이민수 역 《목민심서》, 128 쪽)

뇌물을 주고 받는 일을 어느 누가 비밀히 하지 않으리요마는 밤중에 한 일이 아침이면 이미 드러나게 마련인 것이다. (위의 책, 51쪽)

수령이 좋아하는 것을 아전이 영합하지 않는 것이 없다. 내가 재물을 좋아하는 줄 알면 반드시 이(利)로써 나를 유혹할 것이다. 한번 유혹을 당하게 되면 곧 그들과 함께 죄에 빠지고 말 것이다. (위의 책, 110쪽)

다산 선생을 떠올리며, 명예롭게 직장을 마무리하도록 이 땅의 모든 공직자에게 몇 마디 각별히 당부한다.

- 민원인과 골프, 고스톱을 치지 마라.
- 민원인과 등산, 낚시, 여행을 하지 마라.
- 민원인과 룸살롱을 가지 마라.
- 민원인과 "형님! 아우!" 호칭하지 마라.
- 민원인으로부터 바둑판, 그림, 수석, 분재, 애완견, 고양이, '똥개' 한 마리도 받지 마라.

돈의 두 얼굴

- 민원인이 몰래 건넨 흰 봉투는, 민원인의 '살생부'에 기록된다. 독약임을 명심하라.
- 뇌물을 받아 그 돈으로 자식을 유학 보내지 마라.
- 주식, 도박, 코인에 발 담그지 말라.
- 정치인과 거리를 두어라. 여당, 야당 어느 당도 기웃거리지 마라.
- 본업에 충실하라. 추호라도 부업을 하지 마라.

비록, 외롭고 춥고 배고프고 고달프더라도, 위에서 제시한 항목들을 유념하고 공직자의 숙명으로 받아들여라. 그것만이 자신과 가족을 보호하는 길이다.

탐욕과 무소유의 사이

이 땅에 더 이상 존경하는 스승이 없다고 애석해할 필요가 없다. 탐욕으로 물들라치면 노자 선생이 꾸짖고, 돈·권세가 없어 스스로 오그라들면 장자 선생이 날 위로해 준다. 그래서 고전을 펼치면 늘 마음이 풍요롭다.

어느 해 한 학기 교양 과목으로 장자의 사상을 가르쳤다. 천하를 쥐락펴락했던 그의 기개·여유·유머·풍자·독설은 각박한 세태를 살아가는 우리들에게 무엇이 중요한지를 일깨워 준다. '배운 것이 도둑질'이라고 머리에 노자나 장자의 '고루한 생각'들이 가득 차 있으니 긴 세월 돈에 대해 저절로 무뎌졌다. 돈에 대해 무지했다는 표현이 정확할 것이다.

'무식하면 용감하다.'고, 돈을 잘 모르기에 감히 돈에 대한 글을 써 보려는 '만용'을 부렸다. 돈에 집착하여 돈 벌기에 급급하였다면 이런 글을 쓸 여유나마 가질 수 있었을까? 이런 면에서 그나마 '청빈한 삶'이 위안거리라면 위안거리다.

　거듭 말하지만, 돈이란 벌기도 어렵고 모으기는 더욱 어렵다. 돈을 늘리기와 쓰기란 더더욱 어렵다. 앞에서 이미 돈에 관해 많은 것을 얘기하였다. 그러나 돈의 실체를 파헤쳐 보려는 목마름은 여전히 가시지 않는다. 진한 아쉬움이 남는다.

　탈고할 무렵이 되자, 무거운 짐을 벗어 버려 홀가분하기도 하고, 독자들에게 혼란만 가중시키지 않았는지 자책도 해 본다. 가끔은 '돈이 인생의 전부다.', '돈은 길이요, 진리요, 생명이다.'라고 '솔직하게' 말하고 싶을 때도 있다. 그러나 이렇게 말하기에는 무책임하고 무리가 따른다.

　사도 바울의 고백처럼, 인간의 내면에는 선과 악, 악마와 천사가 공존하는 것 같다. 생각지도 않던 돈이 생길 때는 기분이 좋아져 천사처럼 환한 미소를 짓는다. 가까운 사람에게 사기를 당해 돈을 떼였거나, 투전판 같은 주식시장에서 손해를 봤을 때엔 분노와 증오가 하늘을 찌른다. 이처럼 '두 얼굴을 가진 인간'이 돈을 마주하기에, 돈도 두 얼굴, 때로는 여러 얼굴로 우리에게 다가온다.

　탐욕의 불길은 무섭다. 탐욕의 끝은 마치 화마가 휩쓸어 잿더미만 남은 야산의 모습처럼 처참하다. 어느 해 고향을 지나던 길에, 폐교당해 폐허가 된 한 대학을 하염없이 둘러보았다. 유리창은 깨졌고

텅 빈 운동장은 잡초가 무성했다. 출입문 곳곳이 쇠사슬로 묶여 있었다.

애꿎은 학생들은 이 대학 저 대학으로 옮겨 갔다. 실직당한 교수들은 받아 줄 곳도 없어 이리저리 헤매다가 오간 데 없이 뿔뿔이 흩어졌다. 일부 교수는 분노를 다스리다 '폐인'이 됐고 어떤 교수는 대장암으로 죽었다. 주변의 수많은 원룸촌도 야밤의 공동묘지처럼 음산하다. 폐교당한 이 대학 이사장의 탐욕스런 축재 과정, 교직원에 대한 횡포를 어느 정도 알기에 마음이 더욱 쓰리다.

자유롭고 순수한 영혼에 탐욕이라는 악마가 찾아오면, 때론 이성이 마비되는가 보다. 흉금을 털어놓고 지내는 친구 한 사람은 전 재산을 다 털고 부족한 돈은 대출까지 받아, 닥치는 대로 밭도 사고 산도 사고 한옥도 사들였다. 맹지든 좋은 땅이든 가리지 않고 땅만 보면 욕심이 생겼다. 탐욕이 눈을 가리자 맹지도 황금알을 낳는 거위처럼 보였다. 유유자적한 산촌 생활을 늘 동경하였고 어느덧 꿈을 이룬 듯 보였다.

그러나 그만 그곳에서 '붙박이 장롱'처럼 발목이 묶이고 말았다. 갚아야 할 빚, 늘어나는 대출이자에 영혼마저 자유롭지 못하다. 성급하게 돈 좀 벌어 보려던 탐욕이 족쇄가 됐다. 평생 모은 돈이 땅에 묶여 쓸 돈이 없으니 젊을 때의 '호연지기'도 찾아볼 수 없다.

대출 통장, 썰렁한 주머니, 외딴 산 밑의 고적한 비닐하우스, 척박한 땅이 그를 한없이 왜소하게 만들었다. 깊이 팬 주름, 숱이 적은 반백의 머리카락이 그의 고뇌를 대변한다. 인생 나그네길인데 짐(집과 땅)이 너무 무거워 가볍게 떠나지 못할 것 같다. 그곳을 죽어서야 떠날 수 있을 것 같아 자못 걱정된다.

그는 빈부귀천 가리지 않고 사람을 좋아하며, 누구에게나 잘 퍼주는 인심이 후한 친구다. 이 친구를 아끼고 사랑하기에 어쩌다 한 번 만나고 돌아올 때면 발걸음이 무척이나 무겁다.

많은 재산을 날리고 죽을 고비를 넘겼던 몇몇 가까운 사람들의 모습을 보니, 불타 버려 잔해만 남은 자동차처럼 얼굴에 핏기가 없다. 돈을 다 날린 사람들이 택한 길은 대체로 두 가지인 것 같다. 한 부류는 스스로 목숨을 끊은 모진 사람들이고, 다른 한 부류는 죽지 못하고 모질게 살아남은 사람들이다. 후자는 자의 반 타의 반 어쩔 수 없이 돈에 대해 마음을 비운 사람들이다. 아무튼 의연히 살아남은 이들에게 갈채를 보내고 싶다.

벼랑 끝에서 가까스로 살아난 가까운 친척 한 분이 내게 말한다.

"돈이 있을 때는 왠지 무엇에 쫓기듯 바쁘게 움직였는데, 돈이 없어도 이렇게 맘 편히 살 수가 있구만!"

다 버리고 깊은 산속으로 들어간 '자연인'처럼 마음을 비운 까닭이다.

"여행을 떠날 때는 눈썹도 빼놓고 가라."

여행할 때는 홀가분하게 떠나라는 의미다. 오랜 세월 막역하게 지낸, 전원시인 조선희 선생이 내게 들려준 말이다. 인생이라는 고달픈 나그네 길을 완주하려면 짐(돈·권력·명예·집·땅·주식·코인 등)이 너무 무거워서는 안 된다는 뜻이기도 하다. 그러나 정작 우매한 인간들은 자신의 땅과 집, 돈에 얽매여 옴짝달싹을 못한다.

이 책의 전편에 걸쳐 언급하였지만, 돈과 관련하여 드러난 인간의 행태는 참으로 다양하다. 돈을 쌓아 놓고 흐뭇하게 바라보는 구두쇠, 가난해도 천성이 낙천적인 사람, 부유해도 검소한 생활 습관이 몸에 밴 사람, 과소비·낭비가 심해 늘 빚에 허덕이는 사람, 한술 더 떠 돈을 물 쓰듯 탕진하고 비렁뱅이가 된 사람, 피 같고 살 같은 돈을 기부하고 맨손으로 이 세상을 떠날 준비를 하는 사람 등 여러 부류가 존재한다.

과연 어떻게 살아야 행복할까? 평범한 사람들은 검소형·낭비형·과소비형·자선형 가운데 어느 언저리에 머물러 있을 것이다. 여러분은 지금 어디에 머물러 있는가?

돈의 두 얼굴

돈! 어떻게 벌어야 하는가?

돈! 얼마를 벌어야 만족하는가?

돈! 어떻게 써야 바람직할까?

탐욕도 죄요, 너무 가난해도 죄다. 각자가 탐욕과 무소유 사이에서 돈에 억눌리지 않는 자유로운 삶을 선택하기를 바랄 뿐이다.

• 강성현 저, 《중국인, 천의 얼굴》, 이상 미디어, 2015.

• 강효백 저, 《중국인의 상술》, 한길사, 2002.

• 김승호 저, 《돈의 속성》, 스노우폭스 북스, 2021.

• 김형석 저, 《백년을 살아보니》, Denstory, 2016.

• 니시다 후미오(西田文郎) 저, 하연수 역, 《된다, 된다 나는 된다》, 흐름 출판, 2008.

• 다케우치 가즈마사(竹內一正) 저, 김정환 역, 《스티브 잡스 · 빌게이츠 평전》, 예인, 2010.

• 댄 애리얼리 · 제프 크라이슬러(Dan Ariely · Jeff Kreisler) 공저, 《부의 감각》, 청림출판, 2018.

• 데이비드 바크(David Bach) · 이종민 공저, 《둘이 하면 3배 빠른 부부 재테크》, 21세기북스, 2004.

• 데일 카네기(Dale Carnegie) 저, 최염순 역, 《카네기 행복론》, 씨앗을 뿌리는 사람, 2004,

• 도연명 저, 이치수 역주, 《도연명 전집》, 문학과 지성사, 2005.

- 마이클 샌델(Michael J. Sandel) 저, 안기순 역, 《돈으로 살 수 없는 것들》, 와이즈베리, 2012.

- 루키우스 안나이우스 세네카(Lucius Annaeus Seneca) 저, 정윤희 역, 《세네카의 행복론》, 메이트 북스, 2019.

- 마누엘 스미스(Manuel J. Smith) 저, 박미경 역, 《내가 행복해지는 거절의 힘》, 이다 미디어, 2012.

- 미타무라 다이스케(三田村泰助) 저, 한종수 역, 《환관 이야기》, 아이필드, 2015.

- 박인수 저. 《황제의 비서실장》, 석필, 2003.

- 박현주 저, 《돈은 아름다운 꽃이다》, 김영사, 2007.

- 벤저민 프랭클린(Benjamin Franklin) 저, 최종률 역, 《프랭클린, 위대한 생애》, 지훈, 2005.

- 브라운 스톤(Brown Stone) 저, 《내 안의 부자를 깨워라》, 오픈 마인드, 2004.

- 사마천 저, 김원중 역, 《사기열전》 상·하, 을유문화사, 1999.

- 사마천 저, 김진연·김창 편역, 《한 권으로 보는 사기》, 서해문집, 2004.

- 성백효 역주, 《논어》, 전통문화연구회, 1991.

- 스털링 시그레이브(Sterling Seagrave) 저, 원경주 역, 《중국인 이야기》, 프리미엄북스, 1997.

- 스털링 시그레이브 저, 원경주 역, 《중국 그리고 화교》, 프리미엄 북스, 1997.

- 시멍(西蒙) 저, 정주은 역, 《유대인 부자들의 돈 버는 지혜》, 태인문화사, 2021.

- 신슈밍(信修明) 외 지음, 쭤위안보(左遠波) 엮음, 주수련 역, 《자금성, 최후의 환관들》, 글항아리, 2011.

- 안동림 역주, 《장자(莊子)》, 현암사, 1993.

- 앤드루 킬패트릭(Andrew Kilpatrick) 저, 안진환·김기준 역, 《투자의 신, 워런 버핏 평전》, 월북, 2021.

- 어우양이페이(歐陽逸飛) 저, 김준봉·이지현 역, 《호설암의 기회경영》, 지상사, 2006.

- 에리히 프롬(Erich Fromm) 저, 최혁순 역, 《소유냐 존재냐》, 범우사, 1988.

- 에밀 졸라(Emile Zola) 저, 유기환 옮김, 《돈》, 문학동네, 2017.

- 유석호 저, 《죽어도 성공하기》, 고려원북스, 2005.

- 유자와 쓰요시(湯澤 剛) 저, 정세영 역, 《어느 날 400억 원의 빚을 진 남자》, 한빛비즈, 2016.

- 이근혁 저, 《돈에게 굶주리지 않는 당당한 인생설계》, 함께북스, 2012.

- 이덕일 저, 《조선 최대 갑부 역관》, 김영사, 2006.

- 이시백 외 5인 공저,《나에게 돈이란 무엇일까?》, 철수와 영희, 2020.

- 이종오(李宗吾) 저, 김수연 역,《후흑열전(厚黑列傳)》, 도서출판 아침, 1999.

- 이중톈(易中天) 저, 박경숙 역,《이중톈, 중국인을 말하다》, 2008.

- 이중톈 저, 심규호 역,《이중톈, 사람을 말하다》, 중앙북스, 2013.

- 이중효 저,《아버지가 알려주는 부자되는 생활습관》, 샘터, 2004.

- 이즈미 마사토 저, 김윤수 역,《부자의 그릇》, 다산북스, 2015.

- 테마 명작관 6, (세계문호 중·단편),《돈》, 에디터, 2012.

- 이철환 저,《좋은 돈, 나쁜 돈, 이상한 돈》, 나무발전소, 2016.

- 이화승 저,《상인 이야기》, 행성:B잎새, 2013.

- 임용한·김인호·노혜경 공저,《뇌물의 역사》, 이야기가있는집, 2015.

- 장경식 저,《중국을 읽는 기술》, 친케이, 2008.

- 저우신위에(周欣悅) 저, 박진희 역,《심리학이 돈을 말하다》, 미디어숲, 2021.

- 정성호 저,《화교》, 살림, 2004.

- 정성호 저,《유태인》, 살림, 2003.

- 제이 리처즈(Jay W. Richards),《돈, 탐욕, 신》, 도서출판 따님, 2015.

- 제이콥 니들먼(Jacob Needleman) 저, 이희재 역, 《돈과 인생의 의미》, 고려원, 1993.

- 존 템플턴(John Templeton) 저, 《존 템플턴의 행복론》, 굿모닝 북스, 2006.

- 쩡다오(曾道) 저, 한정은 역, 《장사의 신, 호설암》, 해냄, 2004.

- 찌아원홍(賈文紅) 저, 성연진 역 《중국인물열전》, 청년정신, 2010.

- 진유광 저, 이용재 역, 《중국인 디아스포라, 한국화교 이야기》, 한국학술정보, 2012.

- 찰스 두히그(Charles Duhigg) 저, 강주헌 역, 《습관의 힘》, 갤리온, 2012.

- 캐서린 폰더(Cathrine Ponder) 저, 남문희 역, 《성서 속의 백만장자》, 국일미디어, 2003.

- 팻 메시티(Pat Mesiti) 저, 이미숙 역, 《부자 선언》, 예문, 2010.

- 호설암 원전, 어우양이페이(歐陽逸飛) 해석, 이선영 역, 《홍정상인 호설암의 인간경영》, 태웅출판사, 2005.

- 하노 벡 · 알로이스 프린츠(Hanno Beek · Aloys Prinz) 공저, 《돈보다 더 중요한 것들》, 다산북스, 2018.

- 헤르만 헤세(Herman Hesse) 저, 박환덕 역, 《행복론》, 범우사, 2017.

- 혜민 스님 저, 《멈추면, 비로소 보이는 것들》, 쌤앤파커스, 2012.